# Schriften
des
# Vereins für Sozialpolitik.

---

**Deutsche Zahlungsbilanz und Stabilisierungsfrage.**

Im Auftrage des Vereins
veranstaltet von
Karl Diehl und Felix Somary.

**168. Band.**

**Finanzwissenschaftliche Untersuchungen.**

Herausgegeben von Walther Lotz.

Zweiter Teil.
Besteuerung und Geldentwertung.

Verlag von Duncker & Humblot.
München und Leipzig 1924.

# Besteuerung und Geldentwertung.

Von

Arthur Cohen.

Verlag von Duncker & Humblot.
München und Leipzig 1924.

Alle Rechte vorbehalten.

Altenburg, Thür.
Pierersche Hofbuchdruckerei
Stephan Geibel & Co.

# Inhaltsverzeichnis.

## Erster Abschnitt.

| | | Seite |
|---|---|---|
| I. | Einleitung. Das Thema | 1 |
| II. | 1. Bewertungsgrundsätze. 2. Geldschleier. 3. Revision der Steuertarife | 2 |
| III. | Anpassung der Steuern an die Geldentwertung. Amphitropische Stellung des Staates? Verschiedene Wirkung der Geldentwertung auf die Wirtschaftskreise und Gründe hiervon. Anwendung auf den Staat. Statistischer Nachweis | 5 |
| IV. | Geschichte. Andere Staaten | 7 |
| V. | Maßnahmen der Anpassung des Steuerwesens an die Geldentwertung. 1. Zuschläge. 2. Naturalisation von Geldsteuern. 3. Mobilisierung der inneren Aufwandsteuern. 4. Valorisation der Zölle. 5. Devinkulation der Katastersteuern. 6. Velozitierung: Ermächtigungsgesetz, Maßnahmen gegen „Steuersabotage". 7. Vorauszahlungen. 8. „Aus der Quelle schöpfen". Objektivierung. 9. Goldmarkrechnung. 10. Goldtarifierung. 11. Steuerantizipation | 9 |
| VI. | Gegengründe. 1. Opportunistische Gründe. a) Allgemeine Erwägungen. b) Der Charakter der Geldentwertung. c) Mark = Mark. d) Gefahr für den Preisabbau. e) Der Geldentwertungsmaßstab. 2. Prinzipielle Gründe. a) Der Nennwertbefehl. b) Gefahr der Diskreditierung der Währung. c) Voraussetzung: Allgemeine Goldmarkrechnung. d) Teilausschnitt oder Mittel gegen Inflation? e) Politische Erwägungen. f) Das „Hexeneinmaleins" | 18 |

## Zweiter Abschnitt.

| | | |
|---|---|---|
| VII. | Umstellung des Steuerwesens auf die Goldmarkrechnung. Steueraufwertung. Zweite Steuernotverordnung: Abschlußzahlung 1923, Vorauszahlungen 1924 | 23 |
| VIII. | Die Besteuerung der Inflationsgewinne. Begriff. Dritte Steuernotverordnung. Der Vorschlag im Gutachten der Sachverständigen der Repko | 26 |
| IX. | Wirkung der Anpassung der Besteuerung an die Geldentwertung in finanzieller Beziehung. Der Haushaltplan 1924. Die Steuereinnahmen. Die Dekadenausweise. Ergebnis | 29 |
| X. | Die volkswirtschaftlichen Wirkungen. Die Steuerfrage als Teil der Kapital- und Kreditfrage. Kritik der Bestimmungen über die Abschlußzahlung auf Einkommensteuer 1923. Sonstige Klagen | 33 |
| XI. | Wirkung auf Finanzverwaltung und Kassadienst | 37 |

## Dritter Abschnitt.

| | | |
|---|---|---|
| XII. | Der Realwert der Steuern und ihr Leidensweg. Die Gegenmaßnahmen und ihre Bedeutung | 38 |
| XIII. | Ergebnisse für die Steuerpolitik. Der Staat und die Inflation. Geldpolitik und Steuerpolitik. Beurteilung der Gegenmaßnahmen. Die Steuergrundsätze der Gerechtigkeit und der Beweglichkeit. Ergebnisse für die Steuertheorie. Ergebnisse für die Finanzverwaltung. Steuerwesen und Wirtschaftsverfassung | 40 |

# Erster Abschnitt[1].

## I.

Als ich in der Sitzung des Unterausschusses für Finanzwissenschaft vom 10. Oktober 1922 schriftlich den Antrag stellte, das Thema „Besteuerung und Geldentwertung" zum Gegenstand einer Untersuchung zu machen, hatte man noch nicht begonnen, die Forderung, daß der Staat sein Steuerwesen der Geldentwertung anpassen solle, zu verwirklichen. Das Reich verhielt sich ablehnend, die Öffentlichkeit gleichgültig gegen diese Forderung. Aber auch später glückte es lange nicht, eine Einigung herzustellen, weder über das Maß noch über das Ziel. Das Reich suchte mit dem Eifer des Reuigen Versäumtes nachzuholen; die Steuerpflichtigen beklagten sich zum Teil über den nach ihrer Ansicht bedenklichen Rhythmus des Besteuerungsfortschrittes, zum Teil zweifelten sie am Erfolg im Hinblick auf die Schwierigkeiten der Lage. Es ist daher nicht zwecklos, darzulegen, warum es so kommen mußte, den Weg der Entwicklung zu verfolgen und die Gründe für und wider auf ihre Berechtigung zu prüfen.

Zunächst könnte das Thema selbst beanstandet und behauptet werden, daß die Frage falsch gestellt sei, denn indem das Steuerwesen in Beziehung zur Geldentwertung gebracht werde, werde eine „Geldentwertung"[2] als bestehend angenommen, was gar nicht unangreifbar sei; denn in Wirklichkeit sei nur ein Teil unseres Geldes (hier im Sinne von Währung genommen) entwertet, nämlich das Papiergeld; ferner müsse, wenn Geldentwertung behauptet werde, vor allem nachgewiesen werden, daß das Geld, insbesondere das Papiergeld, einen

---

[1] Der erste Abschnitt enthält das Referat, das ich am 16. Oktober 1923 in Berlin in der Sitzung des Unterausschusses für Finanzwissenschaft gehalten habe, auf die Gegenwart eingestellt, durch Anmerkungen erweitert. Der zweite Abschnitt behandelt die seitdem eingetretenen Veränderungen der Lage und ihre Wirkungen. Der dritte kurze Abschnitt bringt allgemeine Schlußfolgerungen in Form von Leitsätzen.

[2] Lotz in Schriften Bd. 164 I, Valutafrage und öffentliche Finanzen in Deutschland, S. 116: „Es war fast, als ob die Papierwirtschaft, welche beharrlich offiziös mit dem irreführenden Namen ‚Geldentwertung' gekennzeichnet wird...."

Wert habe, haben könne, was bekanntlich nicht von allen Geldtheoretikern zugegeben wird. Nun haben wir keinen Anlaß, hier auf so diffizile Fragen einzugehen. Wir sagen einfach: Der Ausdruck hat sich allgemein eingebürgert; es ist schwer, einen anderen gebräuchlichen Ausdruck für dieselbe Erscheinung zu finden; es besteht keine Möglichkeit eines Mißverständnisses, wenn man sich vorher auf eine solche reservatio mentalis geeinigt hat.

Wir nehmen also an, daß eine Geldentwertung stattgefunden hat, gehen aber auf die Ursachen derselben nicht weiter ein, als es für uns nötig ist; denn auch hierbei würden wir gezwungen, gegen Drahtverhaue in einer Richtung vorzugehen, die nicht die unsere ist.

## II.

Das Thema „Besteuerung und Geldentwertung" ist kein einheitliches, sondern die Geldentwertung gibt zu mehreren steuerpolitischen Fragen Anlaß.

1. Schwankender Geldwert kann dazu führen, die Bewertungsgrundsätze (Vermögenssteuer) zu ändern. Insbesondere taucht die Frage auf, ob die Geldentwertung zu den „ungewöhnlichen Verhältnissen" im Sinne von Abgabenordnung § 138 zu rechnen ist. Bei den Reichstagsverhandlungen zum Notopfergesetz wurde wiederholt von der Reichsfinanzleitung (Sten. Ber. S. 3970 und 4002) die Ansicht vertreten, daß die derzeitigen Werte der einzelnen Betriebsvermögensbestandteile nicht der Veranlagung zugrunde gelegt werden dürften, weil sie auf ungewöhnliche Verhältnisse zurückzuführen seien. Zimmermann in seinem Kommentar zum Einkommensteuergesetz § 33a, Note 4 Abs. 7, dem ich dieses Zitat entnehme, zieht hieraus den Schluß, daß „nicht die augenblicklichen Preise, die bei Verkauf der Gegenstände erzielt werden können, als gemeiner Wert angenommen werden sollen", betont aber die Schwierigkeit, einen anderen Anhalt für die Wertfestsetzung zu finden. Die Geldentwertung war noch nicht so weit fortgeschritten wie später, sie wurde vielfach für vorübergehend gehalten. Aber wenn auch das deutsche Geld kein gutes, brauchbares Wertmaß mehr war, so war es doch Wertmaß im Inlandsverkehr geblieben, das Reich mußte sich bei seiner Ausgabenwirtschaft diesem Wertmaß fügen und hätte daher keinen Grund gehabt, es bei seiner Einnahmewirtschaft zugunsten der Steuerpflichtigen preiszugeben.

2. Hat hier der Staat zu seinem Nachteil gefehlt, so stößt man

auch auf Fälle, daß der Staat dadurch, daß er den wahren Charakter der Wertbewegung verkennt, den Steuerpflichtigen Unrecht zufügt.

a) Durch Inflation entsteht leicht der Anschein einer Vermögensmehrung; die Fatamorgana der Inflation täuscht dem Staate ein Steuerobjekt vor, wo keins ist [Kriegsabgabe in der Form der Vermögenszuwachssteuer[1]; Wertzuwachssteuer vom Grundbesitz; Einkommensteuergesetz § 32, 33: „Unterschied im Stand und Wert der Wirtschaftserzeugnisse, Waren und Vorräte des Betriebes, der dem Betrieb dienenden Gebäude mit Zubehör sowie des beweglichen Anlagekapitals am Schlusse des Wirtschaftsjahres gegenüber deren Stand und Wert am Anfange desselben"]. Nur teilweise und zögernd hat das Reich seinen Irrtum berichtigt: Vermögenszuwachssteuergesetz vom 8. April 1922 § 5 II, Einkommensteuergesetz § 33a III, Änderung der Normativbestimmungen über die Wertzuwachssteuer.

b) Die im Einkommensteuergesetz im Interesse der Kapitalerhaltung getroffenen Bestimmungen (§ 13 Ziff. 1: „Abschreibungen") erwiesen sich angesichts der ins Riesenhafte steigenden Erneuerungsreserven (Werkerhaltungskonten) als ungenügend; daher § 59a (Fassung vom 24. März 1921), jetzt § 33 b (Fassung des „Geldentwertungsgesetzes").

c) Bei der eigentlichen Kriegsgewinnsteuer (Erwerbsgesellschaften) wurde nicht genügend berücksichtigt, daß im Kriegsgewinn zum großen Teil reiner Inflationsgewinn enthalten war, der nicht ohne weiteres zum Friedensgewinn in Beziehung gesetzt werden kann.

d) Die Belastung des Spekulationsgewinns mit Einkommensteuer (auch bei nicht gewerbsmäßiger Spekulation) berücksichtigt in Zeiten der Geldentwertung zu wenig, daß Spekulationsgewinn nur als Preisdifferenz definiert werden kann, und daß die Preise verschiedener Zeitpunkte bei Geldentwertung nicht miteinander verglichen werden können. So konnte der Fall eintreten, daß ein „Spekulationsgewinn" zu versteuern war, wo der Steuerpflichtige in wertbeständigem Geld gemessen einen Verlust erlitten hatte.

Wir können das ad 2 Gesagte in die Formel fassen: Die Geldentwertung kann dem Staat den Anschein von Steuerobjekten oder einer besonderen steuerlichen Leistungsfähigkeit vortäuschen. Der Staat sieht durch den Geldschleier Steuerobjekte oder steuerliche Leistungsfähigkeit,

---

[1] Vgl. Strutz in „Steuer und Wirtschaft" (Verlag Heß), II, 9 vom September 1923, S. 819f. — In „Steuer und Wirtschaft im Zeichen der Geldentwertung", 1923 S. 41 erklärt aber Strutz „Vermögensminderverluststeuern" für gerechtfertigt.

wo keine solchen vorhanden sind, zum Beispiel er sieht einen Vermögens=
zuwachs, wo kein solcher ist, sondern nur Geldinflation des Vermögens
(Vermögensverwässerung); oder: eine nominelle Vermögensmehrung
täuscht Einkommen vor, bloß buchmäßiger Gewinn einen wirklichen
Gewinn.

3. Noch eine Aufgabe erwächst dem Staat durch die Geldent=
wertung zugunsten der Steuerpflichtigen dadurch, daß es sich als not=
wendig erweist, die Steuertarife jeweils nach dem Stande des Geld=
wertes zu revidieren. Zum Beispiel bei der Einkommensteuer muß die
Einkommenstufe, für die der niedrigste Satz gilt, und müssen die Anstoß=
punkte für die übrigen Steuersätze erhöht werden, so daß auch die Ein=
kommenstufe für den höchsten Satz sich erhöht. Eine solche Tarifrevision
hat für die Einkommensteuer öfters stattgefunden, eine allgemeine
Steuertarifrevision in diesem Sinne wurde im sogenannten „Geld=
entwertungsgesetz" (Gesetz über die Berücksichtigung der Geldentwertung
in den Steuergesetzen vom 20. März 1923) vorgenommen. Ernst Günther
im Finanzarchiv 40/1, 1923 behauptet, anscheinend mit Recht, daß bei
der Revision des Einkommensteuertarifs nicht rationell verfahren
worden ist, das heißt weder logisch noch mathematisch richtig, sondern
mehr nach dem bloßen Augenmaß, und die von Günther aufgewiesenen
Unregelmäßigkeiten und Sonderbarkeiten der Einkommensteuertarife
sind in der Tat auffallend. Die Revision erfolgte ferner nur zögernd
und ungenügend. Günther führt dies darauf zurück (S. 5), daß sich „die
entscheidenden Stellen durch große absolute Zahlen haben blenden
lassen. Bei den Verhandlungen im Reichstage..... wurde immer wieder
darauf hingewiesen, daß der Dezembertarif 1922, indem er die Grenze,
von der ab die Höchstbelastung einsetzt, von bisher 3 Millionen auf
künftig 18 Millionen hinaufsetzte, den Millionären, den Reichsten der
Reichen, ganz ungerechtfertigte Gewinne brächte"[1]. Um die beständige
Revision des Einkommensteuertarifs bei Geldentwertung unnötig zu
machen und dem Einkommensteuertarif eine rationelle Grundlage zu
geben, konstruiert Günther einen „stabilisierten Einkommensteuertarif",
den er auf einem „durchschnittlichen Arbeitslohn" aufbaut[2].

---

[1] Vgl. auch Jastrow in „Deutschland und Frankreich", herausgegeben von
Kuczynski, 1924, S. 38.

[2] Ein stabiler Einkommensteuertarif wurde in Österreich am 20. Dezember 1921
eingeführt; siehe Gerloff, „Steuerwirtschaft und Steuerrecht im Zeichen der Geld=
entwertung", 1923, S. 18.

### III.

Von den Fragen, die innerhalb unseres Themas liegen, ist aber doch die wichtigste die Frage, ob der Staat aus der Geldentwertung die Folgerung ziehen soll, seine Steuern zu erhöhen, also sein Steuerwesen der Geldentwertung zu seinen Gunsten anzupassen, etwa wie der Kaufmann seine Preise der Geldentwertung anpaßt. Hierbei stoßen wir gleich auf den Unterschied, daß der Kaufmann die Geldentwertung als etwas Gegebenes vorfindet, während der Staat ja selbst der schuldig-unschuldige Urheber der Geldentwertung ist. Das Reich deckte den Fehlbetrag im Haushalt hauptsächlich durch Aufnahme schwebender Schulden bei der Reichsbank, die zu diesem Zwecke unter Sanktion des Reiches uneinlösliche Noten ausgab. Die Noten sind im wesentlichen durch Schuldtitel (diskontable Schatzanweisungen) gedeckt, die das Reich der Reichsbank aushändigte und bei Verfall prolongierte bzw. durch neue ersetzte. Die Banknoten stellen zusätzliche Kaufkraft dar, es entsteht Inflation und Geldentwertung. Die Kehrseite der Geldentwertung ist Steigerung der Warenpreise (mit Einschluß der Ware Arbeit). Dadurch steigen die Ausgaben des Reiches, und nun tritt an das Reich die Aufgabe heran, seine Einnahmen zu vergrößern, insbesondere (nach dem „Grundsatz der Zulänglichkeit") die Steuern zu erhöhen. So sieht das Problem in der Tat höchst einfach aus! Der Privatmann, der infolge der Geldentwertung höhere Ausgaben hat, trachtet doch auch darnach, seine Einnahmen zu erhöhen. Er nimmt das Papiergeld zwar an, sucht sich aber für seine Qualitätsverschlechterung dadurch schadlos zu halten, daß er größere Quantitäten verlangt. Der Verkehr ist „amphitropisch". In der Amphitropie des Verkehrs sieht Knapp ein Hauptargument gegen die Verwerfung des Papiergeldes [1]. Auch die Stellung des Staates im Verkehr ist amphitropisch. Er erfüllt seine Aufgaben und erhebt von den seiner Gewalt Unterworfenen zwangsweise Abgaben. Mit dieser volltönenden Aussage, die die Auffassung nahelegt, daß es dem Staat ein leichtes sein muß, seine amphitropische Stellung zu wahren, steht der tatsächliche Zustand in Zeiten der Geldentwertung in krassestem Widerspruch.

Die Wirkung der Geldentwertung auf die Wirtschaftssubjekte ist

---

[1] Staatliche Theorie des Geldes, § 3: „Der Einwand des Laien gegen Zahlungsmittel, wie das viel verschrieene uneinlösliche Papiergeld, beruht mit auf dem Irrtum, daß er seine Stellung im wirtschaftlichen Verkehr monotropisch auffaßt" (statt amphitropisch).

verschieden. Es gibt Wirtschaftskreise, bei denen sich im Falle von Geldentwertung zuerst der Preis der Erzeugnisse erhöht und erst dann die Produktionskosten steigen. In dieser Lage war die Rüstungsindustrie im Kriege. Bei anderen Wirtschaftszweigen und Wirtschaftsgruppen ist das Umgekehrte der Fall: Zuerst erhöhen sich die Produktionskosten, und erst dann ist es möglich, den Preis der Erzeugnisse in die Höhe zu setzen. Bei ersteren ist der Preis der Produkte voran, die Produktionskosten folgen, zum Teil unvollständig; bei letzteren hinkt der Preis der Produkte nach und bleibt leicht überhaupt hinter den Produktionskosten zurück[1].

Diese Verschiedenheit rührt zum Teil von der Verschiedenheit der Märkte mit ihren spezifischen Bedingungen her (Weltmarkt und Binnenmarkt; Arbeitsmarkt; Markt der nicht beliebig vermehrbaren Güter — Terrainmarkt; Kapitalmarkt), zum Teil von der Verschiedenheit des Verkehrsrechtes. Der Verkehr ist zum Teil gebunden, sei es durch Vertrag (langfristige Verträge der Interessenten, wie Lieferungsvertrag, Lohntarife), sei es durch den Zwang einer Autorität (die Höchstpreise, überhaupt viele Bestandteile der Zwangswirtschaft; aber auch große Gebiete der Staatswirtschaft, die Gehaltsordnung, Post- und Eisenbahntarife gehören hierher). Besonders aber die zwangsgemeinwirtschaftlichen Einnahmen des Staates (Gebühren, Steuern) sind autoritativ in Gesetzen festgelegt und können nur langsam und unter Überwindung technischer Schwierigkeiten, politischer Hindernisse erhöht werden. Während daher die Ausgaben der Gemeinwirtschaften bei Geldentwertung rasch und stark ansteigen, bleiben die Einnahmen (Verkehrs-, Gebühren-, Steuertarif) lange Zeit im wesentlichen die gleichen wie vorher, oder sie steigen wenigstens nicht entsprechend den Ausgaben[2].

---

[1] Interessant ist ein Schema über die verschiedenen Grade der Auswirkung der Geldentwertung bei den verschiedenen Warengattungen, das in den Vereinigten Staaten in dem Sezessionskriege aufgestellt worden ist (die Ziffern sind die Preise, ausgedrückt in Prozenten der Vorkriegspreise): Kopfarbeit 110, gemeine Arbeit 120, Kunsthandwerk 130, Grund und Boden 140, Handwerksprodukte 150, Industrieprodukte 160, Rohstoffe 170, Wertpapiere im Inland zahlbar 180, Wertpapiere in Gold zahlbar 190, Edelmetalle 200. (Prager, Die Währungsfrage in den V. St. v. A., S. 143).

[2] Für diesen Zusammenhang ist bezeichnend eine Zusammenstellung des bayrischen Rates Leuker in einem Gutachten für Maximilian I. aus der Kipper- und Wipperzeit (1621—1623): Rentner, Witwen und Waisen, die Kirchen, Ehehalten und Dienstboten, Soldaten, ferner der Staat mit ihren Hauszinsen, Pfenniggülten, Interessen, Liblöhnen, Soldansprüchen, Mauten (Zöllen) sind im Nachteil, indem sie pro re, das ist für einen rechten Gulden nichts anderes als nomen empfangen.

Die wirklichen Einnahmen des Reiches betrugen im Durchschnitt der Monate (Wirtschaft und Statistik III 1923, Nr. 3/4 S. 114):

|  | in Millionen Papiermark: | das sind Millionen Goldmark nach dem Lebenshaltungsindex: | nach dem Großhandelsindex: |
|---|---|---|---|
| 1921 | 9,126 | 766 | 520 |
| 1922 | 83,182 | 721 | 335 |

Die Einnahmen sind also beinahe nach dem Lebenshaltungsindex gestiegen, das heißt in dem Maße wie die Lebenshaltungskosten. Legt man aber den Großhandelsindex zugrunde, so sind sie um ein Drittel gefallen. Nun richtet sich die Höhe der Reichsausgaben zum großen Teil nach dem Großhandelsindex. Mit anderen Worten: Während die Ausgaben zum Teil auf dem Niveau der Großhandelspreise liegen, sind die Einnahmen auf dem Niveau der weit niedrigeren Lebenshaltungskosten aufgebaut. Mit noch anderen Worten: Bei den Reichseinnahmen wird mit einer anderen Goldmark (von geringerem Wert) gerechnet als bei einem großen Teil der Ausgaben [1].

Die Folgen sind die bekannten, oben hervorgehobenen: Die Ausgaben mußten zum großen Teil durch die Notenpresse gedeckt werden. Die Zunahme der schwebenden Schuld belief sich 1921 auf 94, 1922 auf 1248 Milliarden Mark (ebenda S. 115). Obwohl die Einnahmen in Papiermark auf das 9fache gestiegen sind, hat die Inanspruchnahme der Notenpresse auf das 13fache zugenommen. Die Ausgaben sind eben in noch höherem Maße gestiegen wie die Einnahmen.

## IV.

Es mag auffallend erscheinen, daß bei den der Geschichte angehörigen Beispielen von Geldentwertung das Bedürfnis, die Steuern der Geldentwertung anzupassen, wenig hervorgetreten ist. Es finden sich

---

[1] Ein ähnliches Mißverhältnis zwischen Einnahmen und Ausgaben trat allmählich auch in den Finanzen der anderen Gemeinwesen hervor. In den preußischen Gemeinden betrugen die Einnahmen und Ausgaben (wahrscheinlich in Prozenten der Einnahmen bzw. Ausgaben von 1920):

|  | Einnahmen: | Ausgaben: |
|---|---|---|
| 1921 | 121 | 315 |
| 1922 | 617 | 926 |
| 1923 | 1103 | 2213 |

(Der Vertreter der preußischen Regierung bei der Ausschußberatung über die Änderung des Landessteuergesetzes, RTDrcks. 5969, S. 3. — Inwieweit diese Ziffern Soll- oder Istziffern sind, geht aus der Stelle nicht hervor.)

nämlich in der Literatur wenig Hinweise, daß die Steuergesetzgebung zu diesem Zweck eine Änderung erfahren hat. Der Grund mag darin liegen, daß die Staatsausgaben noch nicht so hoch waren wie heute und namentlich die Beamtenbesoldung unter den Staatsausgaben noch keine so große Rolle gespielt hat wie heute wegen der staatlichen Verkehrsanstalten, daß der Staat also noch nicht so sehr unter den Folgen der Geldentwertung litt wie gegenwärtig, besonders aber darin, daß die Steuern unter den staatlichen Einnahmen noch nicht die überragende Bedeutung hatten wie heute. Aber es würde auch den Rahmen dieses Referates überschreiten, alle historischen Fälle der Anpassung der Besteuerung an die Geldentwertung erschöpfend aufzuzählen. Ein paar Beispiele mögen genügen.

Aus der französischen Assignatenzeit mag das Dekret vom 26. Juni 1796 erwähnt werden, daß die Grundsteuer nach Maßgabe des Getreidepreises zu zahlen sei, also nach Maßgabe des Einflusses der Geldentwertung auf die Getreidepreise. Ferner wurde durch Dekret vom 21. Juni 1795 bestimmt, daß bei der Steuerzahlung die Assignaten nicht mehr zum Nennwert anzunehmen seien, sondern beim Umlauf von über 2 Milliarden Franken sollte für je 500 Millionen ein Zuschlag von 25 % verlangt werden (Verlassen des Nennwertzwangskurses, Annäherung an den Kurswertzwangskurs)[1]. Dagegen lehnte Wallis als österreichischer Finanzminister 1811 den Vorschlag, zu bestimmen, daß die Kontributionen, Zölle und alle Staatseinnahmen ohne Unterschied nur nach dem Kurse der Bankozettel anzunehmen seien, ab (freilich nur, um dann noch drastischere Maßnahmen zu empfehlen) mit der auch für die Gegenwart interessanten Begründung, einmal, daß die Zahlung nur immer nach dem Durchschnittskurs des letztverflossenen Monats gefordert werden könne und daher beim beinahe täglich fortschreitenden Sinken des Kurses des Papiergeldes der Staat doch immer zu kurz kommen müßte; ferner, daß als Folge (einer solchen Ersetzung des Nennwertzwangskurses durch den Kurswertzwangskurs für Zahlungen an den Staat) der Kurs sich nur noch mehr verschlimmern würde[2].

Auch gegenwärtig ist Deutschland nicht das einzige Land, wo die Anpassung der Steuern an die Geldentwertung praktisch geworden ist.

---

[1] Sobernheim, Die Geldentwertung als Gesetzgebungsproblem des Privatrechtes (Beitr. zur Erl. des deutschen Rechtes, Bd. 66, Heft 3/4), S. 347, 267.

[2] Hofmann, Die Devalvierung des österreichischen Papiergeldes 1811 (Schriften 165 I), S. 29/30.

So hat auch Rußland unternommen (seit 1922), die Steuern wertbeständig zu machen; die russische Regierung betrachtet dies als notwendigen Stützpunkt einer Währungsreform. Auch in Polen ging man dazu über [1], die Steuerlast, in Gold berechnet, auf Vorkriegshöhe zu bringen: Die Höhe der Staatseinkünfte soll vom Kursniveau der polnischen Mark unabhängig gemacht werden. Allerdings ist in Polen die Befürchtung aufgetreten, daß die polnische Mark dann im Inlandsverkehr erst recht ihre Bedeutung als Zahlungsmittel einbüßen werde. Aber das polnische Finanzministerium erklärte, von einem auf solche Weise sicherzustellenden Staatsbudget einen günstigen Einfluß auf die polnische Valuta zu erwarten (Berichte aus den neuen Staaten vom 16. März 1923, S. 372).

## V.

Wir gehen nunmehr zur Darstellung der Maßnahmen über, die man in Deutschland ergriffen hat, um das Steuerwesen der Geldentwertung anzupassen. Die Aufeinanderfolge macht den Eindruck des entwicklungsgeschichtlich Notwendigen, es entsteht eine typische Reihe.

1. Die primitivste Maßnahme ist die einfache Erhöhung der bestehenden Steuern oder die Erhebung von Zuschlägen zu den Steuern, ohne ein bestimmtes Maß und Prinzip, das heißt ohne Rücksichtnahme auf das Maß der Geldentwertung, nur so geradehin, und daher ungenügend. Es ist das der Empirie und Rationalität vorangehende Stadium der blinden Reaktion auf einen Reiz, das wir in dieser rohen Methode erblicken.

2. Recht früh tritt auch der Gedanke auf, den Folgen der Geldentwertung für das Steuerwesen dadurch auszuweichen, daß der Staat statt Geldsteuern Naturalsteuern erhebt (Naturalisation der Steuern). Aus der Geldschuld wird eine Naturalschuld. Da aber die technischen Schwierigkeiten wirklicher Naturalsteuern zu groß sind, so wird der Gedanke geldwirtschaftlich in der Weise umgebogen, daß sich der Staat mit Geldsteuern begnügt, die nach dem Werte der Naturalien bemessen sind. Ein geeignetes Gebiet für dieses Experiment ist die Grundsteuer, bei ihr als Steuer vom Bodenertrag liegt eine solche Metamorphose

---

[1] Veranlaßt durch ähnlich bittere Erfahrungen wie in Deutschland, Berichte aus den neuen Staaten, 1923, S. 1247: „... der Staat kaum ein Viertel der veranschlagten Einnahmen erhält. Im ersten Halbjahr 1923 sollten an indirekten Steuern 126 Mill. Franken eingehoben werden, infolge des Marksturzes sind aber nur 50 Mill. Franken eingegangen."

nahe. Bezeichnend ist auch, in welchen Gebieten dieser Gedanke aufgetreten ist. Zu erwähnen ist ein oldenburgischer Gesetzentwurf, daß alle direkten Steuern, die von der Landwirtschaft zu tragen sind, durch eine einheitliche Naturalwertrente zu ersetzen seien. Viel von sich reden machte ein mecklenburgischer Entwurf zur Änderung des Grundsteuergesetzes, wonach der Grundsteuertarif nach dem Satze ..... Mark = 1 Zentner Roggen umzurechnen sei. Die Steuer beträgt hierbei „eine Roggenmenge, die nach einem amtlich festzusetzenden Roggenpreis in Geld erhoben wird". Sie ist eine Geldsteuer, deren Betrag sich nach dem Wert von Naturalien richten soll. Preyer, dessen Schrift (Roggenpapiere und Roggensteuern, 1923) ich dies entnehme, und der an der parlamentarischen Behandlung des Gesetzentwurfes als Abgeordneter beteiligt war, ist mit beachtenswerten Gründen gegen diese Naturalwertsteuern aufgetreten. In der Tat mögen solche Roggenwertsteuern für kleine Gebiete mit überwiegender landwirtschaftlicher Bevölkerung und mit herkömmlichen Einfruchtbau aus besonderen Gründen verteidigt werden, große allgemeine Bedeutung haben sie nicht. Überhaupt liegt die Frage anders für ein Agrarland als für ein Industrieland. In Rußland waren nach dem Voranschlag für September 1923 unter 50 Millionen Rubel (Gold) Steuern 25 Millionen direkte Steuern, darunter 10 Millionen Naturalsteuern. Es besteht aber die Absicht, sie immer mehr in Geldsteuern umzuwandeln (Communiqué der russischen Regierung, mitgeteilt von der Tagespresse).

3. Nicht selten sind im Steuersystem die Steuern, welche nicht nach dem Geldwert von Gütern, sondern nach anderen Maßstäben gestaffelt sind. Namentlich unter den Aufwandsteuern sind solche Steuern noch stark vertreten, zum Beispiel Gewichtssteuern, Raummaßsteuern. Solche Steuern sind für Zeiten der Geldentwertung nicht geeignet, sie bleiben sich gleich, liefern auch bei Geldentwertung stets denselben Betrag in Papiermark. Wenn dagegen eine Steuer Wertsteuer ist (zum Beispiel Fakturensteuer), so steigt das Aufkommen mit dem Wert des Steuerobjektes, die Steuer nimmt an der Bewegung des Warenwertes teil. Je größer demnach die Geldentwertung, desto höher das Steuererträgnis. Mit anderen Worten: Die Gewichtssteuern, Volumensteuern, Flächensteuern usw. entsprechen bei Geldentwertung nicht dem Steuergrundsatz der Beweglichkeit, wohl dagegen die Aufwandsteuern, welche Wertsteuern sind: sie bewegen sich in umgekehrter Richtung wie der Geldwert. Daher sind in Zeiten von Geldentwertung nach festen (wert-

unempfindlichen) Maßstäben bemessene Steuern in Wertsteuern umzuwandeln. Diese Folgerung hat das Reich erst relativ spät gezogen. Erst am 9. Juli 1923 wurde mit der Leuchtmittelsteuer und der Zündwarensteuer der Anfang gemacht, indem diese Steuern in Wertsteuern umgewandelt wurden (während bei der Biersteuer, Salzsteuer, Zuckersteuer nur eine arbiträre Steuererhöhungsbefugnis der Reichsregierung beschlossen wurde).

Wir bezeichnen diesen Vorgang als Mobilisierung der Steuern.

4. Zu den Gewichtssteuern gehören auch die Zölle. In Deutschland gibt es nur spezifische Zölle (wenn wir von den „Ausfuhrabgaben" absehen). Das Reich hat aber bei der Geldentwertung die Gewichtszölle nicht in Wertzölle umgewandelt, sondern die Wertbeständigkeit der Einfuhrzölle direkt herbeigeführt, indem es relativ frühzeitig Zahlung der Zölle in wertbeständigem Gelde eingeführt hat: „Die Zölle sind in Gold zu zahlen" (Gesetz vom 21. Juli 1919). Dabei spielte die protektionistische Erwägung mit, daß dadurch der Import behufs Besserung der Handelsbilanz eine Einschränkung erfahre und, wenn nicht, bei manchen Waren das Ausland den Zoll tragen werde, und daß die Auslandsartikel den Goldzoll tragen könnten, weil sich bei ihnen die Geldentwertung voll im Preise oder in den Zahlungsbedingungen auswirke [1]. Die Verwandlung der Geldzölle in Goldzölle (Valorisation der Zölle) ist diejenige Steuermaßnahme bei Geldentwertung, welche am meisten verbreitet ist und am frühesten sich bemerkbar macht. In Österreich waren 1854—1878 die Einfuhrzölle in Silber zu zahlen, seitdem in Gold (Knapp, Staatliche Theorie des Geldes, 2. Auflage, § 21). Wenn aber Knapp Seite 395 schreibt: „Dieses Sonderrecht für Zahlungen ist erst im Jahre 1854 entstanden", und Seite 397: „Bis dahin waren die Zölle nach gemeinem Recht bezahlt worden, also .... in Banknoten", „so war es bis zum Jahre 1854 gewesen; denn wie wir einer Auskunft des Herrn v. Gruber aus dem Finanzministerium in Wien entnehmen, findet sich über Zollzahlung keine Sonderbestimmung, weder in der politischen Gesetzessammlung (1790—1848) noch im Reichsgesetzblatt, das seit 1849 erscheint", so widerspricht dies einer Bemerkung bei König, Der Staatsbankerott vom Jahre 1811, 2. Auflage, S. 14: Es „wurde verfügt, daß die Zölle für Kaffee, Kakao und Zucker in Hinkunft in klingender Münze (Gold oder Silber) zu entrichten seien, ein Vorgang, der .... sich bis heute erhalten hat".

---

[1] Vgl. Eßlen, Valutazölle der Gegenwart. Ein Beitrag zur Handelspolitik.

Übrigens ist die Norm im deutschen Zollrecht: Die Zölle sind in Gold zu zahlen, nicht wörtlich zu nehmen, denn in demselben Gesetz heißt es weiter, nicht nur „Durch die Reichsregierung wird bestimmt, nach welchem Umrechnungsverhältnis die zur Zollzahlung zugelassenen fremdländischen Goldmünzen in Zahlung zu nehmen sind", sondern auch: „und unter welchen Bedingungen die Zahlung in anderen Zahlungsmitteln als Goldmünzen geleistet werden kann". Die Bedingungen bestanden bei Zahlung in Papiergeld darin, daß ein Aufgeld in Prozent entrichtet wurde, das vom Reichsfinanzminister nach Maßgabe des Kurses festgesetzt und veröffentlicht und bei Kursänderungen revidiert wurde.

5. Aber auch Wertsteuern bzw. wertempfindliche Steuern sind der Geldentwertung nicht immer gewachsen, dann nämlich nicht, wenn sie nach festen und alten Katastern erhoben werden. Die Ertragssteuern sind meistens wertempfindliche Steuern, denn der Ertrag richtet sich nach dem Gelderlös der Erzeugnisse. Wenn aber die Ertragssteuer, zum Beispiel die Grundsteuer, nach einem veralteten, überholten Kataster erhoben wird, so kann die Geldentwertung in der Höhe der Steuer nicht zum Vorschein kommen. Daher wurde in Preußen bestimmt, daß die Grundsteuer vom 1. April 1923 ab mit einem „Entwertungsfaktor" multipliziert werden soll, der vierteljährlich vom Finanzministerium festzusetzen sei; dem unbeweglichen Faktor wurde demnach ein beweglicher angereiht, der sich mit dem Geldwert in umgekehrter Richtung bewegt. Dies wollen wir als Devinkulation der Steuer bezeichnen, denn die Steuer wird von der Fessel des Dauerkatasters befreit.

6. Ein Mangel aller anfänglichen, bisher besprochenen Steuerformen besteht darin, daß sie nicht rechtzeitig kamen. Bis die Regierung sich zur Steuerreform entschlossen, den Gesetzentwurf eingebracht hatte, bis er beraten und das Gesetz publiziert war, bis die Ausführungsbestimmungen hergestellt und veröffentlicht waren, so daß die Steuerverwaltung sie verwirklichen konnte — bis alle diese Verwaltungsmaßnahmen erledigt waren, war die Geldentwertung wieder weiter fortgeschritten, und die Steuerreform, welche, wenn sie rechtzeitig, das heißt sofort in Kraft getreten wäre, ihre Wirkung auf den Staatshaushalt nicht verfehlt hätte, stellt sich als ungenügend, als zu unbedeutend heraus. Wenn nun aber die Arbeit des Gesetzgebers und der Zentralverwaltung beendet ist, so fängt erst die Hauptarbeit an, die Steuerpflicht in den Steueranspruch umzusetzen: die Veranlagung. Die Steuer

muß ausgeschrieben werden, dem Steuerpflichtigen wird ein Termin für die Abgabe der Steuererklärung gesetzt, dann beginnen die Verhandlungen zwischen dem Fiskus und dem Steuerpflichtigen, das Beanstandungsverfahren bzw., wenn keine Steuererklärung vorliegt, das Ermittlungsverfahren, Vorladungen, Einholung von Auskünften, Prüfung des vorgelegten Materials, Schätzungen und schließlich der Instanzenzug. Dabei entsteht häufig ein äußerst zäher Kampf zwischen dem Fiskus und dem Steuersubjekt, dessen Ausgang oft nicht im Einklang steht mit den großen Machtbefugnissen des Staates, weil der Steuerpflichtige die zwar weniger edle, aber nicht weniger wirksame Waffe der Mimikry führt. Aber selbst wenn die Steuerschuld rechtskräftig feststeht, ist gleichwohl dem Staate der Erfolg noch nicht sicher. Vielmehr beginnt ein weiteres Ringen um die Zahlung, generelle und spezielle Stundungen, Nichteinhaltung der Zahlungstermine, schließlich das oft langwierige Vollstreckungsverfahren verzögern den Eingang der Schuld. Hat doch der Steuerpflichtige ein großes Interesse an der möglichst spätzeitigen Zahlung der Steuer; denn jede Verzögerung, jedes Hinhalten des Steuergläubigers ist in Zeiten der Geldentwertung für ihn von großem geschäftlichen Vorteil, von entscheidender Bedeutung im Hinblick auf seine Hauptsorge: Vergrößerung bzw. Erhaltung seines Betriebskapitals, Ersparung von Bankkredit mit seinen steigenden Zinsen.

So ist die Sachlage bei Geldentwertung. Die Reform hat sich mit den drei Stadien zu befassen: bis zur Entstehung des Steueranspruches, vom Steueranspruch bis zur Steuerschuld, von der Entstehung der Steuerschuld bis zur Zahlung.

a) Am schwierigsten ist der erste Teil, weil er am engsten mit politischen Verhältnissen verknüpft ist. Das Recht der Steuerbewilligung ist das älteste Palladium der Volksfreiheit. Die Steuer ist dem zu belastenden Volkseinkommen und Volksvermögen in parlamentarischen Kämpfen abzuringen, ihre Notwendigkeit ist in der Feuerprobe der parlamentarischen Beratung darzutun. Wenn man aber die Gefahren bedenkt, denen jeder Steuergesetzentwurf auf der hohen See der Parteipolitik ausgesetzt ist[1], so muß man sagen: Der Parlamentarismus, entstanden in einer Zeit doch gemächlicheren Daseins, ist dem lawinenartigen Sturz des Geldwertes nicht gewachsen. Die Geldentwertung

---

[1] Wovon erst jüngst wieder die Verhandlungen über die französische Steuerreform aus Anlaß des Sinkens des Frankenkurses ein Zeugnis abgaben.

macht immer neue Gesetze und Vollzugsvorschriften notwendig; in kurzer Zeit müssen die schwerwiegendsten Änderungen getroffen, neue Versuche auf steuerlichem Gebiete gemacht werden, die Änderungen überstürzen sich, kaum haben sich die ausführenden Steuerbehörden in eine Steuerkodifikation vertieft, die Steuerlisten umgearbeitet, so muß die Arbeit von neuem begonnen werden, Steuergesetze werden aufgehoben, bevor sie in Kraft getreten waren, auch die Steuerschuldner warten ab, was aus dem Chaos herauskommen wird. Daher die Unfruchtbarkeit so vieler an sich sinnreicher Besteuerungsversuche: Notopfer, Zwangsanleihe, Vermögenssteuer 1923, Einkommensteuer 1923.

b) und c) Die gegen die obenerwähnte „Steuersabotage" — so nannte man das Verhalten der Steuerpflichtigen vielfach — ergriffenen Maßnahmen bestanden hauptsächlich in dreierlei: Vereinfachung der Veranlagung, Zuschläge bei verspäteter Steuerzahlung, Abkürzung der Fälligkeitsfristen.

Um mit letzterem zu beginnen, so wurde durch Reichsgesetz vom 11. August 1923 bestimmt, daß Verbrauchssteuern spätestens am 10. des auf den Monat der Entstehung der Steuerschuld folgenden Monats fällig sind. Die Veranlagung wurde dadurch vereinfacht, daß (zuerst im Geldentwertungsgesetz vom 20. März 1923 für die Einkommensteuer 1922) Selbstveranlagung eingeführt wurde, das heißt der Steuerpflichtige hat nicht nur sein Einkommen anzugeben, sondern auch seine Steuer zu berechnen; der Instanzenzug wurde (Rhein-Ruhr-Abgabe) durch Ausschließung des Berufungsverfahrens beschränkt, so daß hierbei nur die Möglichkeit des Beschwerdeverfahrens bleibt. Besonders bewährt hat sich die Einführung eines Zuschlags zur Steuer bei verspäteter Zahlung. Den Zuschlag hat der Finanzminister zu bestimmen (Steuerzinsgesetz vom 11. August 1923). Durch Festsetzung der Zuschläge nach Maßgabe der Geldentwertung war der Finanzminister in der Lage, einen der skandalösesten Übelstände im Steuerwesen zu beseitigen. Das Geldentwertungsgesetz vom 20. März 1923 (Art. III, 1 und 2) hatte die Zuschläge zu niedrig auf 15 % monatlich, bei mehr als dreimonatlichen Rückständen (!) auf 30 % beschränkt und war dadurch der Möglichkeit einer weitergehenden Geldentwertung nicht gerecht geworden. (Wir wollen die bei 6. erwähnten Maßnahmen mit dem Ausdruck „Velozitierung der Steuern" zusammenfassen — von velocitas, Beschleunigung.)

7. Weiter empfiehlt es sich bei Geldentwertung, den Steueranspruch

möglichst an die Steuerquelle heranzurücken. Das ist bei der Vermögenssteuer leichter als bei der Einkommensteuer, denn die Vermögensfeststellung setzt einen Zeitpunkt voraus, einen Stichtag, das Einkommen begrifflich einen Dauerzustand, einen Zeitraum, während dessen es fließt, und für den es rechnerisch zusammengefaßt wird (Jahreseinkommen)[1]. Aber auch bei der Einkommensteuer besteht ein Unterschied. Wenn sich die Gesetzgebung der sogenannten Quellentheorie anschließt, wonach es zum Begriffe des Einkommens gehört, daß es aus einer Quelle entspringt, so kann die Einokmmensteuer in jedem Jahre für das Einkommen dieses Jahres veranlagt und erhoben werden, denn die Einkommensquellen des Steuersubjektes sind bekannt oder können ihm bzw. dem Fiskus bekannt sein. Das Reichseinkommensteuergesetz dagegen folgt nicht der Einkommenstheorie von Hermann und Schmoller, sondern derjenigen von Schanz (Finanzarchiv 1896 S. 1 ff.; siehe Begründung, Drucksachen der Nationalverf. Nr. 1624 S. 17 ff.)[2] und ist dadurch genötigt, die Einkommensteuerveranlagung und -erhebung in ungebührlicher Verzögerung hinter dem Einkommensjahr herzuschleppen, denn ob Einkommen nach § 11 Ziff. 2—5 (Spekulationsgewinn und andere) in einem Jahre entstanden ist, ergibt sich erst bei Ablauf des Jahres. Daher § 29 Satz 2: „Die Veranlagung findet nach Ablauf des Kalenderjahres.... statt." Nimmt man nun an, daß die Einkommensteuer im 4. Quartal zur Erhebung gelangt — ein auch im Frieden bei einigermaßen komplizierten Verhältnissen (große Erwerbsunternehmungen) recht günstiger Fall —, so würde sich eine Zeitspanne von 9 bis 21 Monaten zwischen dem Fluß der Einkünfte und der Steuerzahlung ergeben, und in dieser Zeit kann die Geldentwertung große Fortschritte machen.

Daher wurden Vorauszahlungen eingeführt, für die Einkommensteuer zuerst durch Gesetz vom 24. März 1921. Dabei mußte natürlich zur Grundlage das zuletzt festgestellte Einkommen genommen werden[3]. Durch diese Neuerung vierteljährlicher Vorauszahlung wurde der bei Geldentwertung dem Staate durch die verspätete Steuererhebung ent-

---

[1] Zum Beispiel Schmoller II § 229: „Einkommen ist der Inbegriff derjenigen Güter, Nutzungen und Leistungen, welche jährlich....."

[2] Die Besteuerung des nicht gewerbsmäßigen Spekulationsgewinnes (s. o. II, 2 d) wird von der Begründung mit ihrem Einkommensbegriff motiviert.

[3] § 30 des Eink.St.G.S. in der Fassung des Gesetzes vom 24. März 1921: „Die für ein Rechnungsjahr.... festgestellte Steuerschuld gilt zugleich als vorläufige Steuerschuld für das folgende Rechnungsjahr."

stehende Schaden verringert, nicht aber konnte dadurch der Mißstand beseitigt werden, daß ein Papiermarkeinkommen, das in einem Jahr einen bestimmten Wert (in wertbeständigem Geld ausgedrückt) hatte, für ein Jahr, nämlich das kommende, zugrunde gelegt wurde, in dem ganz andere Geldverhältnisse bestanden. Die Annahme, daß das zuletzt festgestellte Einkommen annähernd dem Einkommen des laufenden Jahres entspreche, erwies sich eben als unrichtig. Erst als durch die Gesetze vom 9. Juli und 11. August 1923 mit gewaltigen Sprüngen die Vorauszahlungen erhöht wurden, beim zweiten Sprung auf ein Vielhundertfaches des Vorjahrsbetrages — nur für das Einkommen nach § 9 Ziff. 1—3, 11 des Eink.-St.-Ges. und Renten blieb es bei der einfachen Vorauszahlung —, konnte man sagen: Prinzipiell ist die Aufgabe, den Steueranspruch an die Steuerquelle heranzurücken, für das Einkommen des laufenden Jahres einen annähernd richtigen Maßstab zu finden, gelöst.

8. Hiervon verschieden ist die Forderung, daß der Staat „aus der Quelle schöpfen soll". Sie gilt auch für die Zeit des stabilen Geldwertes — ihre Berechtigung für solche Zeiten zu prüfen, liegt nicht in meiner Aufgabe —, aber bei Geldentwertung spricht für sie noch besonders der Umstand, daß nur hierbei die vorhin erwähnte Forderung, den Steueranspruch an die Steuerquelle zeitlich heranzurücken, ideal erfüllt wird. Die Besteuerung an der Quelle besteht im Reichseinkommensteuergesetz für das Lohneinkommen. Die Folge davon ist, daß für keine andere Steuer, mit Ausnahme vielleicht der Zölle, die notwendige Anpassung der Steuer an die Geldentwertung sich verhältnismäßig so genau vollzogen hat wie bei der Lohnsteuer. Die weitere Folge, daß die Lohnsteuer, im Gegensatz zu den übrigen Teilen der Einkommensteuer[1], eine Stütze des Reichshaushaltes geworden ist, denn das Mehraufkommen an Lohnsteuer entspricht jeweils mit sehr kurzen Abständen der nominellen Einkommensmehrung und muß ihr entsprechen.

Überhaupt scheint es, als wenn die Einkommensteuer, wie überhaupt die Subjektsteuern, durch ihre Komplikationen, indem die Steuerquelle, um für die Steuer erfaßbar zu sein, im allgemeinen — bei der deutschen Methode — erst eine Personifikation durchmachen muß, sich nicht recht eigne für Zeiten, in denen es mehr auf rasches Zugreifen als auf Feinheit des Steuererfassungsapparates ankommt.

---

[1] Die daraus entstehende Ungleichheit und die hieraus wieder folgende Erbitterung hat nicht wenig dazu beigetragen, daß Vorauszahlungen (s. o.) eingeführt wurden.

Wenn daher das Reich neuerdings mehr und mehr zu Objektsteuern greift (Betriebsabgabe als Lohnsummensteuer und Landabgabe, beide nach Gesetz vom 11. August 1923), so ist hierin nicht etwa nur eine Verrohung der Steuertechnik zu erblicken, sondern auch instinktive Erfassung einer Tendenz, nach der die Umstände die Steuertechnik gebieterisch hinweisen.

9. Inzwischen war die Privatwirtschaft zur „Goldmarkrechnung" übergegangen. Sie legte ihrer Preisberechnung einen Grundpreis zugrunde, für den der Friedenspreis einen Anhalt gab. Der Grundpreis wurde mit einem Entwertungsfaktor vermehrt (Multiplikator, Schlüsselzahl), der vom zugehörigen Wirtschaftsverband tarifarisch festgesetzt bzw. mit anderen Verbänden vereinbart und von Zeit zu Zeit revidiert wurde. Der Multiplikator rückte immer näher an den „Valutakurs" (Goldmark = Verhältnis zwischen Valutakurs des Dollars in Papiermark und seiner Parität) und erreichte ihn schließlich. Damit war der Übergang zur Goldmarkrechnung beendet.

Es fragte sich nun, ob nicht auch der Fiskus eine vor dem Krieg erfolgte Wertermittlung zugrunde legen und daraus die Steuer berechnen soll — unter Umrechnung des geschuldeten Betrags in Papiermark —, ähnlich wie er es bei den Zöllen getan. Wirklich wurde der Landabgabe vom 11. August 1923 ein Vorkriegskataster zugrunde gelegt, nämlich der Wehrbeitragswert, von welchem 9 $^o/_{oo}$ „in Gold zu zahlen". Dies ist aber ebensowenig wörtlich zu nehmen wie bei den Zöllen, denn es heißt gleich darauf: Die Abgabe kann in deutschen Banknoten in dem um das Aufgeld erhöhten Betrag bezahlt werden. Das Aufgeld wird vom Reichsminister der Finanzen bestimmt.

10. Aber nicht immer läßt sich ein Friedenswert zugrunde legen. Dann kann man einen indirekten Weg einschlagen: Man ermittelt den gegenwärtigen Wert in Papiermark und rechnet ihn nach demselben Entwertungsfaktor in Goldmark um, den man bei der Umrechnung in die definitive Papiersteuerschuld anwenden will. Dieses Verfahren schlug schon im November 1922 die Demokratische Partei im Reichstag vor: An jedem Veranlagungstermin, zum erstenmal am 31. Dezember 1922, soll der durchschnittliche innere Entwertungsfaktor der letztvergangenen drei Monate von der Papiermark zur Friedensmark festgestellt werden. Auf Grund dieses Entwertungsfaktors wird der Friedenswert des in Papiermark beranlagten Vermögens ermittelt. Von dem so ermittelten Friedenswert soll die Steuer nach einem festen Tarif berechnet und

durch Multiplikation unter Anwendung des gleichen Entwertungsfaktors, der bei der Umwandlung des Friedenswertes in den Papiermarkwert verwendet wurde, in Papiermark umgewandelt werden. Zum Beispiel Entwertungsfaktor 1000, gegenwärtiger Wert 1 Milliarde, Friedenswert daher 1 Million, Steuersatz 20 % = 200 000. Steuerschuld 200 000 × 1000 = 200 Millionen Papiermark. Ein nicht zu unterschätzender Nebenvorteil dieses Vorschlages besteht darin, daß der Steuertarif stabil gehalten werden kann (siehe oben bei II 3), also nicht bei jeder Geldentwertung geändert werden muß. Jeweils zu ermitteln wären der Papierwert des Vermögensgegenstandes und der Entwertungsfaktor. Die Steuerschuld in Papiermark ergibt sich durch einfache Rechnung aus diesen Größen. Dieses Verfahren kann man Goldtarifierung nennen.

11. Das durchgreifendste Mittel der Anpassung der Besteuerung an die Geldentwertung würde darin bestehen, daß der Staat Zahlung der Steuer in „effektivem Gold" verlangt. Dies ist bisher nicht geschehen, wohl aber ist die Ablieferung ausländischer Vermögensgegenstände in der Notverordnung vom 25. August 1923 dadurch begünstigt, daß den Ablieferungspflichtigen freigestellt wurde, als Gegenwert Gutschrift (in Goldmark) auf „wertbeständiges Steuerkonto" zu verlangen (Steuerantizipation).

## VI.

Für dieses (bis zum Sommer 1923) zögernde Verhalten der Regierung, dafür, daß sie die Unterhöhlung der Reichsfinanzen durch die Geldentwertung geschehen ließ, ohne im rechten Augenblick die geeigneten Maßnahmen zu ergreifen, ohne sich mit aller Kraft gegen das drohende Unheil zu wenden, fehlt es nicht an Gründen. Wir können sie einteilen in Opportunitätsgründe und prinzipielle Gründe.

1. Opportunitätsgründe. a) Gewiß haben allgemeinen Erwägungen eine Rolle gespielt. Die Schonungsbedürftigkeit des Kapitals, die Notwendigkeit der Rücksichtnahme auf die Schwierigkeiten der Lebenshaltung in der Zeit der Wiederaufrichtung nach einem verlorenen Krieg schreckten davor zurück, das Wirtschaftsleben zu beunruhigen und durch Betonung staatlicher Ansprüche zu schwächen.

b) Verhängnisvoll war das Verkennen des Charakters der Geldentwertung, die Unklarheit über ihre Ursachen, das mangelnde Verständnis für den notwendigen und innigen Zusammenhang zwischen

Finanzpolitik und Geldpolitik, die Verblendung durch den Schein der wirtschaftlichen Blüte, die die Größe des Übels verschleierte. Die Geldentwertung wurde lange Zeit für vorübergehend gehalten. Daß die Geldentwertung so weit gehen kann in einem europäischen Kulturstaat, in einem Lande, dessen wirtschaftliche Entwicklung zu stolzem Selbstbewußtsein berechtigte, dessen wirtschaftlicher Hochstand auch von seinen Feinden anerkannt war, daß die Geldentwertung an sich keine Grenzen hat, zu haben braucht, sondern bis zur völligen Wertlosigkeit fortschreiten kann, wie die Assignatenwirtschaft zeigte, wagte man sich nicht einzugestehen. Es fehlte die psychische Einstellung auf die Papierwirtschaft, die die älteren Generationen von Nationalökonomen und Politikern als kostbare Frucht bitterer Erfahrungen davongetragen hatten.

c) Der Staat hatte, wie bei II 2 gezeigt, die sich zugunsten der Steuerpflichtigen ergebenden Konsequenzen aus der Geldentwertung nicht gezogen, er hatte sich hier auf den Standpunkt gestellt, daß Mark = Mark, und so mußte er diesen Grundsatz auch gegen sich selbst gelten lassen.

d) Der Staat hatte sich so energisch gegen Preistreiberei gewendet, er hatte den „Preisabbau" als wirtschaftspolitisches Ziel anerkannt, und nun sollte er selbst aus der Geldentwertung den Anlaß entnehmen, seine Ansprüche an die Steuerpflichtigen zu erhöhen, also ein schlechtes Beispiel geben und, bei der Bedeutung der Steuerlast für die Kostenkalkulation, indirekt die Gefahr weiterer Preiserhöhung hervorrufen, ja, bei der Verbreitung der Neigung zur Steuerüberwälzung, sozusagen dazu auffordern?

e) Auch die Schwierigkeit, einen richtigen und gerechten Maßstab der Geldentwertung zu finden, wirkte erschwerend und lähmend auf die Entschlußkraft der Regierung. Index, und welcher (Lebenshaltungsindex, Großhandelsindex usw.), oder Valutakurs und welche fremde Valuta? Jeder Index stellt nur einen Durchschnitt dar, wird also den Verhältnissen nicht gerecht. Der intervalutarische Kurs zeichnet nur den Außenwert des Geldes, nicht den Binnenwert, die innere Kaufkraft, und ist selbst eine zusammengesetzte Größe, besonders, solange die effektive Zahlung in Gold auf dem Weltmarkt noch nicht wiederhergestellt ist, er hängt zum Teil von internationalen Verhältnissen ab. Hierauf hat die Reichsregierung besonders bei der Beratung des oben bei V 10 erwähnten demokratischen Antrags im Reichstagsausschuß mit Nachdruck hingewiesen (Reichstagsdrucks. 3728 S. 41 ff.).

2. Wir gehen zu den prinzipiellen Gründen über.

a) Als ein prinzipieller Grund könnte angeführt werden, daß der Staat gegen den von ihm selbst dem Papiergeld gegebenen Nennwertbefehl verstößt, wenn er bei Steuerzahlung die Geldentwertung berücksichtigt wissen will. Aber dies bezieht sich nur auf Steuerschulden, die bei der Erteilung des Nennwertbefehls schon bestanden haben. Später entstehende Steuerschulden kann der Staat erhöhen, so gut der Kaufmann seine Preise erhöhen kann. Von dieser allgemeinen Frage ist zu unterscheiden die Frage, ob der Staat Steuerzahlung in Gold verlangen kann. Man könnte nämlich die Frage aufwerfen, ob der Staat nicht den Beschränkungen unterliegt, denen die Goldklausel im Kriege unterworfen worden ist. Da aber die Vorschrift, daß die Zölle in Gold zu zahlen sind, auf einem Gesetz beruht, so kann man erwidern, daß insofern für Zahlungen an den Staat eine Ausnahme von jenen Beschränkungen eingeführt worden ist. Übrigens ist, wie oben bei IV 4 bemerkt, nicht effektive Zahlung der Zölle in Gold gefordert, sondern es kann Zahlung in kursgesicherter Mark erfolgen, die Mark ist also als gesetzliches Zahlungsmittel nicht ausgeschaltet, sie ist für die Zollzahlung nicht außer Kurs gesetzt, sondern nur der Nennwertbefehl ist insofern beseitigt, an die Stelle des Nennwertzwangskurses ist der Kurswertzwangskurs getreten.

b) Das wichtigste und stärkste Gegenargument gegen die Anpassung der Besteuerung an die Geldentwertung ist: eine energische und radikale Änderung des Steuerwesens in diesem Sinne — wie sie allein wirksam wäre — würde die Währung diskreditieren, also sie noch mehr schädigen, die Geldentwertung noch höher treiben. Jeder würde sagen: nicht einmal der Staat selbst hat mehr Vertrauen zu seiner Währung! Dadurch würde eine weitere Steigerung der Staatsausgaben eintreten. Das angebliche Heilmittel ist also geeignet, das Übel zu vergrößern. Das Übel ist die Papierwährung, und sie gilt es daher zu bekämpfen. Hierauf kann erwidert werden: Nicht die Papierwährung als solche ist das Übel, sondern die Wertunbeständigkeit des Geldes. Der Geldentwertung muß Einhalt getan, der Geldwert muß stabilisiert werden. Dazu ist notwendig, abgesehen von günstiger Zahlungsbilanz: Aufhören der Inflation. Die Papierinflation kann aber erst dann aufhören, wenn die finanzielle Lage des Staates günstig ist. Die finanzielle Lage kann nur gebessert werden durch — Berücksichtigung der Geldentwertung im Steuerwesen. Man bewegt sich also bei dieser Argumentation im Zirkel: Das Übel ist die Geldentwertung, sie kann nur beseitigt werden durch Aufhören der Inflation, Inflation hört nur auf bei Berücksichtigung der Geldentwertung im Steuerwesen, diese Berücksichtigung steigert aber die Geldentwertung[1]!?

In Wirklichkeit war die Papierwährung bereits so morsch geworden, so von allen Seiten unterhöhlt, daß die Berücksichtigung der Geldentwertung im Steuerwesen nur ein Steinchen zu ihrem Grabe sein konnte.

c) Ferner sagt man: Die Steuer kann nur dann valorisiert werden, wenn die Goldmarkrechnung den ganzen Verkehr durchdrungen, durchtränkt hat. Wie kann man Zahlung der Steuern nach der Goldmarkrechnung verlangen von einem Steuerpflichtigen, der selbst noch nach Papiermark rechnet? (Karl Landauer, in Archiv f. Soz. Wiss. Bd. 51 S. 99). Aber gerade diejenige soziale Klasse, die mit am wenigsten in der Lage war, in ihren Vertrags- und Lebensbedingungen die Dollarsprünge mitzumachen, die Arbeiterklasse, gerade ihr gegenüber ist die Berücksichtigung der Geldentwertung im Steuerwesen relativ früh und wirksam zur Geltung gekommen, durch den Lohnabzug (siehe oben bei V 8).

d) Eines derjenigen Argumente, auf die das Reich selbst am meisten Gewicht legte (Reichstagsdrucks. 5490 S. 9), ist: Das Stabilisierungsproblem muß im ganzen behandelt und gelöst werden, es darf nicht ein Teilausschnitt aus demselben herausgegriffen und gesondert behandelt werden, wie etwa die Beziehungen zwischen Steuerwesen und Geldwesen. Richtig ist: Die Währungsfrage ist ein heißes Eisen, das man vorsichtig behandeln muß. Dennoch muß folgendes betont werden: Währungsfragen und Steuerwesen hängen aufs innigste zusammen. Denn die Grundlage der ungünstigen Währungsverhältnisse, die Inflation, kann nur durch Änderungen im Steuerwesen wirksam bekämpft werden. Die Steuern bieten die Möglichkeit, einer weiteren Inflation

---

[1] Vgl. den Bericht der ersten Sachverständigenkommission I 4: „Die Währung eines Landes kann nicht stabil bleiben, wenn sein Haushalt nicht in ein normales Gleichgewicht gebracht ist, denn wenn die Ausgaben fortlaufend die Einnahmen übersteigen, wird nach einiger Zeit kein anderer Ausweg übrigbleiben, als neues Papiergeld zu drucken, um den Fehlbetrag zu decken; Inflation aber zieht unweigerlich Währungsverfall nach sich. Andererseits ist es unmöglich, den Haushalt ins Gleichgewicht zu bringen, wenn die Währung nicht einigermaßen stabil ist."

zu entgehen. Sie sind aber auch ein Heilmittel bestehender Inflation. Die beste Art der Sanierung einer Währung ist Kontraktion: Einziehung vorhandenen Geldes aus bereiten Mitteln des Staatsfonds. Als solche kommen in Betracht: Anleihen und Steuern. Die Konsolidierung der schwebenden Schuld ist gewiß ein treffliches Mittel[1], über den Abgrund der Papierwirtschaft hinwegzukommen, aber ihre Verwirklichung ist von den Umständen abhängig, sie bedeutet eine Vertagung der Lösung auf bessere Zeiten; und so bleibt also nur übrig: Erhebung von Steuern als Mittel der Deflation!

e) Die Möglichkeit der Durchführung eines solchen Programms ist von Bedingungen wirtschaftlicher und politischer Art abhängig. Über die wirtschaftlichen Bedingungen siehe oben bei 1a. Das anfangs zögernde und allzu vorsichtige Vorgehen der Regierung hatte sicherlich auch politische Gründe, ja, wenn man sich den Zusammenhang überlegt, wird man zu dem Ergebnis kommen, daß diese den Ausschlag gaben. Die politischen Verhältnisse in Deutschland krankten in den letzten Jahren daran, daß sich keine Machtkonstellation bildete, auf die und mit der die Regierung hätte rechnen können und müssen: sie mußte nach beiden Seiten hin Rücksicht nehmen, durfte weder die „Arbeiterklasse" noch die „Industrie" zu sehr belasten. Immer stärker wurde der Gegensatz zwischen der Parteikonstellation im Reichstag und der inneren Einstellung der Wähler zu den großen politischen Fragen, zwischen „formaler" und „tatsächlicher" Verfassung. Da nun hohe Steuern am leichtesten ertragen werden, wenn der Steuerzahler mit der politischen Leitung zufrieden ist, wenn er überzeugt ist, daß mit den richtigen Steuern das Richtige geschieht (Lotz, Finanzwissenschaft, S. 452), so bildete sich gerade in den relativ steuerkräftigsten Schichten, in denjenigen Schichten, auf deren finanzielle Unterstützung die Regierung angewiesen ist, ein instinktives, das Verlangen nach Selbstrechtfertigung gar nicht in sich tragendes Mißtrauen gegen die Regierung aus, das diese in der Entschlußkraft, Opfer zu fordern, lähmte. Die außenpolitischen Verhältnisse, die auch im einfachen Mann das Gefühl hervorriefen, der Spielball fremder Einflüsse zu sein, nichts Entscheidendes mehr tun zu können für die Besserung der politischen und daher auch wirtschaftlichen Lage („es hilft ja doch nichts!"), verstärkten die innere Loslösung des einzelnen vom gegenwärtigen Staat und ließen keine rechte Steuerfreudigkeit aufkommen.

---

[1] Lotz, Valutafrage und öffentliche Finanzen (Schriften 164 I), S. 17/18.

Erst als die Inflation in immer steigendem Maße auch dem einzelnen ihre Nachteile offenbarte, als wie aus einer Pandorabüchse ihre Übel aufstiegen, zuletzt die unerträgliche, durch eine schwer zu verstehende Politik der Reichsbank lange hintangehaltene Verteuerung des Kredits — da war jener Zeitpunkt erreicht, wo ganz unabhängig von der Zusammensetzung des Reichstags und der Reichsregierung sich die elementare Stoßkraft des „es muß sein!" bekundete, und die äußeren Mittel zur Durchführung: Ermächtigungsgesetz, Notverordnungen, gewissermaßen sich von selbst einstellten.

f) Nicht dagegen darf gegen die Anpassung der Besteuerung an die Geldentwertung eingewendet werden, daß der Staat auf der anderen Seite Nutznießer der Inflation ist, indem sich die Staatsschuld durch Geldentwertung beinahe in nichts auflöst. Es ist ein nicht zu billigendes Spiel mit Begriffen, wenn man den Geldumlauf oder die Staatsschuld dadurch, daß man sie in Goldmark auflöst, zu „verkleinern" bestrebt ist. Das Papiergeld ist nicht Erfindung des Teufels, wie der Dichter uns glauben machen darf, aber es ist auch unzulässig, durch ein Taschenspielerkunststück, das mit Papiermark und Goldmark jongliert, die Marktrillionen hinwegzaubern zu wollen.

„Du mußt verstehn — Aus eins mach' zehn — Und neun ist eins — Und zehn ist keins — Das ist das Hexeneinmaleins."

## Zweiter Abschnitt.

### VII.

Nachdem das Reich durch die Steuergesetze vom August 1923 (Vorauszahlung auf Einkommen- und Körperschaftssteuer, Rhein- und Ruhrabgabe, Betriebsabgabe einschließlich Landabgabe, Einführung wertbeständiger Steuerkonten) den festen Willen bekundet hatte, mit der Anpassung des Steuerwesens an die Geldentwertung Ernst zu machen, freilich ohne diesen Gedanken konsequent und einheitlich durchzuführen, war es nun das Bestreben der Reichsregierung, feste Prinzipien zu schaffen, das ganze Steuerwesen des Reichs auf die Goldmarkrechnung umzustellen. Dabei war zu unterscheiden zwischen alten und neuen Steuern. Neue Steuern: Dem Prinzip muß innerhalb des Steuergesetzes Rechnung getragen werden. Was die alten Steuern betrifft, so unterscheidet die Steueraufwertungsordnung vom 11. Oktober 1923 nach der Entstehungszeit der Steuerschuld: An den Steuerschulden, die vor dem

1. Januar 1923 entstanden sind, wird nichts geändert, sie sind entweder erhoben, oder an ihnen ist nichts zu retten. (Die unten zu erwähnende zweite Steuernotverordnung vom 19. Dezember 1923 bestimmt in Art. XIX § 4, daß die Kriegsabgaben, das Reichsnotopfer, die Einkommen- und Körperschaftssteuern 1920 und 1921 nicht mehr zu erheben sind.) Die Steuerschulden, die nach dem 31. August 1923 entstanden sind, werden in Goldschulden verwandelt: die Zahlung ist nach dem Goldwert aufzuwerten, auch wenn die Steuer nicht in Gold berechnet wird (Steueraufwertung). Daraus folgt, daß das Geldentwertungsrisiko vom Fiskus auf den Steuerpflichtigen übergeht. Die Geldentwertung, welche zwischen Schuldentstehung und Schuldzahlung fällt, fällt dem Steuerschuldner zur Last. Zu diesem Zweck mußte für jede Steuer der Termin der Schuldentstehung festgelegt werden. Dies geschah in den Durchführungsbestimmungen vom 13. Oktober 1923[1]. Ferner mußte periodisch ein Goldumrechnungssatz, das heißt das „Wertverhältnis, zu welchem Zahlungen, die in deutschem Währungsgeld berechnet sind, in Gold umzurechnen sind", vom Reichsfinanzminister veröffentlicht werden (der Goldumrechnungssatz für 1. September bis 23. Oktober im Reichsgesetzblatt S. 1089). Seit 23. November 1923 beträgt der Goldumrechnungssatz 1000 Milliarden, das heißt 1 Goldmark = 1 Billion Papiermark.

Den Abschluß der Reform bildete die zweite Steuernotverordnung vom 19. Dezember 1923, in welcher die Steuergesetzgebung unter dem Gesichtspunkt der Goldmarkrechnung konsequent durchrevidiert wurde. Überall kehrt der Refrain wieder: Die Steuer ist in Goldmark zu berechnen, nach dem Goldwert zu leisten. Zahlungsmittel sind freilich die gesetzlichen. Art. XVI § 6: Steuerschulden, welche in Goldmark zu bemessen sind, können durch Rentenmark oder Goldanleihe beglichen werden. Sie können auch durch deutsche Banknoten getilgt werden. Die Umrechnung geschieht dann mit Hilfe des vom Reichsfinanzminister bestimmten Goldumrechnungssatzes für Reichssteuern. Dabei ist der Umrechnungssatz des Zahlungstages maßgebend. Für die Vermögenssteuer 1924 ist auch die Steuerbemessungsgrundlage (das Vermögen) in Goldmark zu bewerten (Art. II § 2), und zwar Grundstücke und Anlagekapital unmittelbar, weil für die Wertermittlung der berichtigte Friedenswert maßgebend ist, das Betriebskapital (Vorräte und Waren)

---

[1] Unter Zubilligung einer Schonfrist bei den einzelnen Steuern.

und Wertpapiere sowie Valuten mittelbar, indem die Preise und Werte vom 31. Dezember 1923 in Goldmark umgerechnet werden (§ 3 Ziff. 8). Für die Umrechnung ist der Kurs vom 31. Dezember 1923 maßgebend. Was die Einkommensteuer und Körperschaftsteuer betrifft, so wird für 1923 auf Veranlagung definitiv verzichtet, weil sie, als auf dem Einkommen des Jahres 1922 beruhend, doch kein zutreffendes Bild der Leistungsfähigkeit ergeben würden (Art. 1 § 1 III, § 2 II). Das Reich begnügt sich mit den bereits erhobenen Vorauszahlungen und fordert noch eine Abschlußzahlung, deren Größe wieder rechnerisch von der Einkommensteuerschuld des Jahres 1922 (also dem Einkommen des Jahres 1921) abgeleitet wird, jedoch wird nicht, wie bei den Vorauszahlungen, ein Vielfaches in Papiermark, sondern ein Prozentsatz in Goldmark[1] gefordert (näheres u. S. 35).

Ganz neue Wege schlägt die Reichsregierung hinsichtlich der Vorauszahlung auf die Einkommensteuer (mit Körperschaftsteuer) 1924 ein. Man kann sie dahin charakterisieren: Die Einkommensteuer wird in vierteljährlich zahlbare Objektsteuern aufgelöst, indem äußere Merkmale (Grundstückswert, Ertrag, Umsatz, unter Umständen der Verbrauch) als Zeichen der Leistungsfähigkeit supponiert werden. Dabei geschehen alle Berechnungen in Goldmark. Diese Resignation ist aus den Umständen und aus den Erfahrungen zu erklären, die die Finanzverwaltung in der Zeit der Geldentwertung gemacht hat. Die Einkommensteuer als Personalsteuer erweist sich für Zeiten der Geldentwertung nicht geeignet (siehe oben bei V 6, 7 und 8). Die Vorzüge der Objektsteuern, Einfachheit (Steuerprinzip der „Bequemlichkeit") und Billigkeit der Erhebung, machen sich besonders in solchen Zeiten geltend. Die Einkommensteuer beruht auf den inneren Beziehungen zwischen Staat und Individuum, sie setzt ein inniges Verhältnis des einzelnen zum Staat voraus, aber auch, daß die Finanzverwaltung sich des Zusammenhanges zwischen fiskalischem Vorteil und wirtschaftlichem Gedeihen der Staatsbürger, zwischen Staatswirtschaft und Volkswirtschaft stets bewußt sei, und beide Voraussetzungen können vorübergehend versagen. Oder ist dieser Rückschritt in der Besteuerungsmethode nur ein Teilsymptom einer allgemeinen wirtschaftlichen Rückentwicklung Deutschlands nach dem verlorenen Krieg, dem Verlust seiner auswärtigen Kapitalsanlagen, seiner Handelsflotte, so vieler Gebiete

---

[1] Schon beim dritten Teil der Rhein-Ruhr-Abgabe (erste Steuernotverordnung vom 7. Dezember 1923) findet sich diese Neuerung.

und Rohstoffquellen, eines Teiles seiner Seehäfen, seiner Absatzgelegenheiten, seiner Stellung in der Weltwirtschaft? Tief in den Kontinent eingebettet, nur auf der einen Seite ans Weltmeer grenzend, auf weiten Strecken eingekeilt zwischen teils expansionslustigen, teils mißtrauischen Nachbarnationen, sieht es sich immer wieder dem Strom der Begebenheiten entrissen und auf sich selbst angewiesen.

Wenn es gleichwohl richtiger sein dürfte, jene Objektivierung der Subjektssteuern einfach auf das Bedürfnis nach Anpassung des Steuerwesens an die Geldentwertung zurückzuführen, wobei freilich hinzugefügt werden darf, daß hiermit das Problem mehr umgangen als gelöst erscheint, so kann man sagen, daß nun wohl alle Steuern Goldsteuern sind in dem Sinne, daß im Steuerwesen Goldmarkrechnung herrscht. Die Tabaksteuer ist durch Verordnung vom 30. Oktober 1923 Goldsteuer geworden: sie ist nach dem Goldwert zu zahlen, die Kleinverkaufspreise sind im Goldwert zu berechnen (Reichsgesetzblatt S. 1045). Die Zuckersteuer und die Salzsteuer sind ebenfalls Goldsteuern. Sie werden zwar grundsätzlich noch nach dem Gewicht erhoben, sollen aber einen gewissen Prozentsatz des Zucker- bzw. Salzpreises erreichen. Auf dieser Grundlage bestimmt der Finanzminister die Steuer. Das ist in der Weise geschehen, daß sie in Goldmark festgesetzt wurden: Zuckersteuer 15, Salzsteuer 0,74 Goldmark je Doppelzentner (Reichsgesetzblatt S. 1086, 1088). Die Umstellung der Börsensteuer auf Gold, die am 2. April erfolgte, schloß die Kette dieser Maßnahmen[1] nur formell, denn diese Steuer ist an sich geldwertempfindlich.

## VIII.

Kaum hatte der Staat so die letzten Schritte getan, um die seinen finanziellen Interessen abträglichen Folgen der Geldentwertung für das Steuerwesen zu beseitigen, trat eine andere zur Fragengesamtheit „Geldentwertung und Besteuerung" gehörige Frage wieder an ihn

---

[1] Beinahe, aber nicht ganz so radikal war die Anpassung in Polen. Gesetz über Wertbeständigkeit der Steuern, in Kraft getreten am 1. Januar 1924: Die Bemessung der Steuern erfolgt auf der Grundlage des Wertes des Goldfranken (im allgemeinen in den letzten drei Monaten vor dem Tage der Abfuhr). Die Entrichtung erfolgt in polnischer Mark nach dem für die Zeit der Entrichtung festgesetzten Kurs des Goldfranken (Berichte aus den neuen Staaten, 1923, S. 1416). — In Rußland erfolgt die Einzahlung der Einkommens- und Vermögenssteuer in Tscherwonez oder in Sowjetrubeln nach dem am Zahlungstag bekanntgegebenen Tageskurs. (Ebenda S. 1238.)

heran, eine Frage, die wir schon oben bei II 2 a, c behandelt haben: Besteuerung der Inflationsgewinne. Denn wenn wir auch dort nur von den Kriegsgewinnen gesprochen haben — was man im Kriege als Kriegsgewinn bezeichnete, waren ja zum großen Teil in Wirklichkeit Inflationsgewinne.

Was sind Inflationsgewinne? Man muß echte und unechte unterscheiden. Unecht sind diejenigen, die sich nur bei Zugrundelegung der Mark als Wertmaß zeigen, echt diejenigen, die auch bei Goldmarkrechnung ihren Gewinncharakter beibehalten. Wer um 100 kauft, um 200 verkauft, hat unechten Inflationsgewinn, wenn die Reproduktionskosten beim Verkauf oder richtiger bei der Bezahlung des Kaufpreises 200 Mark betragen. Wenn aber derselbe Verkäufer den Einkauf zur Hälfte mit fremdem Kapital betätigt hat, erzielt er einen echten Inflationsgewinn von 50. (Dabei wird vorausgesetzt, daß der Zins keinen Ausgleich für Geldentwertungsrisiko enthält.) Die eigentlichen Inflationsgewinnler waren also nicht die Unternehmer als solche, sondern die Schuldnerklasse, und was die Schuldner als Plus davontrugen, verloren die Gläubiger durch Entwertung ihres Kapitals.

An die Besteuerung der Inflationsgewinne (echten Inflationsgewinne) ist das Reich nur zögernd herangetreten. Nach § 17 der dritten Steuernotverordnung vom 14. Februar 1924 wird eine Steuer von 2% des Inflationsgewinns erhoben, den die Schuldner von Teilschuldverschreibungen (der Begriff ist derselbe wie im Kapitalverkehrssteuergesetz § 25 I a in der Fassung des Gesetzes vom 8. April 1922) erzielt haben. Für die Höhe des Inflationsgewinnes ist maßgebend: a) der Zeitpunkt der Begebung; b) der Zeitpunkt der Tilgung, wenn eine Tilgung stattgefunden hat; c) die Höhe der Aufwertung, denn der Betrag derselben ist abzuziehen. Als Zeitpunkt, an welchem die Geldentwertung begonnen hat, wird der 1. Januar 1918 angenommen. Vor diesem Zeitpunkt begebene Obligationen werden mit dem Nennbetrag in Gold in die Gewinnrechnung eingesetzt (§ 22 I), vor diesem Zeitpunkt getilgte Obligationen fallen nicht unter die Steuer (§ 19 Abs. 2).

Nur beabsichtigt ist die Besteuerung des Geldwertunterschiedes bei der Beanspruchnahme von (Bank-) Krediten (Wechselkredit, Kontokorrentkredit, Lombardkredit), § 24. Die Besteuerung des Inflationsgewinnes bei Notgeldausgabe ist dem Reichsfinanzminister anheimgestellt (§ 25). Die Haussteuer des § 26 der dritten Steuernotverordnung ist an sich nicht Inflationssteuer, sondern Wegsteuerung der Hausmonopolrente bis zum Betrag von 30 % der Friedenshausrente. Der Gesetzgeber scheint anzunehmen, daß der „Verelendungsfaktor" 70 % beträgt. Da aber viele Hausbesitzer in ihrer Eigenschaft als Hypotheken= schuldner echte Inflationsgewinne erzielt haben, so kann man sagen, daß in der erwähnten Haussteuer auch eine Inflationssteuer ent= halten ist.

Ein anderer Vorschlag zur Einführung einer Inflationssteuer ist in dem Berichte des I. Sachverständigenkomites der Reparations= kommission enthalten Nachdem nämlich der Bericht den Zusammenhang zwischen Währungsverfall und Fehlbetrag im Haushalt festgestellt (siehe oben S. 21), sagt er später (II 3): „Direkte Steuern, wie zum Beispiel die Einkommensteuer, werden notwendigerweise nur auf Grund abge= schlossener Zeiträume zur Veranlagung kommen, und in einer Zeit schnell steigender Preise ist die Steuerlast irgend eines einzelnen Jahres, die nach den Gewinnen früherer Jahre berechnet ist, im Verhältnis zu den Gewinnen des Jahres selbst klein. Überdies erfordert das Steuer= erklärungs=, Veranlagungs= und Rechtsmittelverfahren bei dieser Steuer notwendigerweise Fristen, und an dem Zeitpunkt, zu dem die Steuerschuld endgültig in Papiermark festgestellt wird, ist ihre tatsäch= liche Last weit geringer, als ursprünglich beabsichtigt war. Weitere Verzögerungen bei der Bezahlung dieser Schuld verstärken diese Wir= kung. Erst als die Inflationsbewegung in Deutschland weit vorge= schritten war, mußte man sich ernstlich, dieses Übel zu bekämpfen.... Das war zweifellos einer der Hauptgründe für die Schwierigkeiten des deutschen Haushalts[1].... Man kann zuversichtlich sagen, daß die wohlhabenderen Klassen mit einem weit geringeren als dem ihnen ge= bührenden Anteil an der nationalen Last davongekommen sind; daher haben wir es der deutschen Regierung zur ernsten Erwägung empfohlen, ob sie nicht, selbst angesichts der angegebenen Verwaltungsschwierig= keiten, die Veranlagungen der letzten Jahre bei diesen besonderen Klassen von Steuerzahlern nachprüfen und ihre Steuerschuld neu auf Goldbasis festsetzen sollte."

Aber es ist immer mißlich, Versäumtes nachholen zu wollen; die Regelung der Besteuerung gibt für die nächste Zeit dem Reich

---

[1] Als Beweis wird angeführt, daß nach einer Statistik, die dem Komitee von der Reichsregierung geliefert wurde, 1920 die wirkliche Steuerlast (in Gold berechnet) bei den größeren Einkommen statt 50 bis 60 % nur die Hälfte dieser Sätze für das Einkommen des Jahres (in Gold berechnet) betrug.

so viel Fragen auf und zeigt ihm infolge Einlenkens in die Goldmarkrechnung so viel Möglichkeiten finanzieller Ergiebigkeit, aber auch zu überwindende Schwierigkeiten, daß es die Vergangenheit auf sich beruhen lassen sollte, weil es fraglich ist, ob der finanzielle Erfolg die ohne Zweifel daraus entspringenden wirtschaftlichen und politischen Nachteile überwiegen würde. Die Obligationsschuldner haben einen echten Inflationsgewinn erzielt, die Steuerschuldner doch eigentlich nur eine Ausgabe erspart und diese Ausgabeersparung vielleicht zum Teil — die sonst erfolgende Steuerüberwälzung unterlassend — im Preis ihrer Erzeugnisse berücksichtigt, so daß etwa nur der Vorteil eines besseren Absatzes übriggeblieben ist. Die zweite Steuernotverordnung enthält hinsichtlich der Besteuerung von 1924 so viel Verstöße gegen den Grundsatz der Gleichmäßigkeit der Besteuerung, daß eine peinliche Abrechnung über die aus der Steuersabotage der vergangenen Jahre den Steuerpflichtigen erwachsenden Vorteile eine den gegenwärtigen Steuern und dem weiteren Verlaufe der Steuerreform nicht förderliche Reaktion hervorrufen könnte.

## IX.

Welche Wirkung hat die Anpassung der Besteuerung an die Geldentwertung ausgeübt, zunächst in finanzieller Beziehung? Nachdem wir nämlich bei III die Wirkungen der Geldentwertung auf die finanzielle Lage des Reichs behandelt haben, müssen wir jetzt die Wirkungen der Gegenmaßnahmen untersuchen. Hat die Anpassung der Besteuerung an die Geldentwertung den gewünschten finanziellen Erfolg gehabt? Sicher ist, daß sich die finanzielle Lage des Reichs gebessert hat. Der ordentliche Haushalt des Rechnungsjahres 1924 schließt nach dem bekanntlich auf Goldmark gestellten Haushaltplan (Wirtschaft und Statistik IV 9 und Reichstagsvorlage) mit einem Überschuß von 181 Millionen Goldmark ab, der sich allerdings infolge der Ausgaben auf Ausführung des Versailler Friedensvertrages zu 640 Millionen Mark in einen Fehlbetrag von 470 Millionen Mark verwandelt. Dagegen halte man, daß die Steigerung der schwebenden Schuld Apr. 1920 bis Dez. 1923 18,6 Milliarden Goldmark betragen hat (in den einzelnen Monaten über den Dollar berechnet)[1].

Seit wann datiert die Besserung? Es betrugen die Steuerein-

---

[1] Deutschlands Wirtschaft usw., Denkschrift 1924 S. 32.

nahmen des Reichs im Rechnungsjahr 1923 in Millionen Goldmark
berechnet (Wirtschaft und Statistik; wie oben):

| Monat: | über den Dollarkurs: | über Lebenshaltungsindex: |
|---|---|---|
| April | 151 | 297 |
| Mai | 123 | 367 |
| Juni | 48 | 165 |
| Juli | 48 | 108 |
| August | 78 | 148 |
| September | 56 | 87 |
| Oktober | 14 | 24 |
| November | 63 | 50 |
| Dezember | 312 | 250 |
| Januar | 503 | 458 |
| Februar | 418 | 402 |
| März | 595 | 556 |
| | 2411 | 2912 |

Nachdem im August die Einnahmen sich gehoben hatten, folgt noch einmal ein Absturz zum Tiefstand des Oktober, und erst mit dem November tritt eine entscheidende Wendung zum Besseren ein, die sich in den folgenden Monaten rasch und bedeutend steigert.

Zu einem anderen Bild gelangen wir, wenn wir die Dekadenausweise zugrunde legen. Es betrugen nämlich im Jahre 1923 die Einnahmen des Reichs an Steuern, Zöllen, Gebühren (nach Abzug der hierfür geleisteten Ausgaben) in Prozent der Ausgaben (nach der Wirtschaftskurve der Frankfurter Zeitung, 1923, III IV) in den Monaten Januar 27%, Februar 25%, März 20%, April 32%, Mai 58%, Juni 7%, Juli 4½%; dann verblieb die Ziffer bis zur Mitte des Monats November auf diesem Mißverhältnis, unter 5%. Vom 15. November 1923 an wird das Schema des Dekadenausweises etwas anders, ausführlicher. (In der zweiten Novemberdekade erschienen daher zwei Nachweise, 10.—15. und 16.—20.) Das Verhältnis beträgt (Wirtschaftskurve 1924 I): November III 4,1; Dezember I 18,2; II 25,3; III 57,8. Die Überschüsse der Finanzkassen aus Steuern, Zöllen und Gebühren (nach Abzug der Ausgaben) beliefen sich an diesen vier Dekaden in Millionen Goldmark (Wirtschaftskurve 1924 I; 1 Goldmark = 1 Billion Papiermark) auf 6,0; 14,4; 41,0; 87,5 (weiterhin monatlich Januar 421, Februar 313, März 490).

Während in den Steuereinnahmen die energischen Anstrengungen des Reiches von Anfang August sowie vom Oktober, die Besteuerung an die Geldentwertung anzupassen, in einer zwar nicht auffallenden, aber doch beträchtlichen Erhöhung der Ziffer im Monat August (nicht mehr September) dann im November zum Vorschein kommen, ist dies bezüglich des Verhältnisses zwischen Einnahmen und Ausgaben, das doch für die finanzielle Lage in erster Linie in Betracht kommt, nicht der Fall. Dieses Verhältnis sinkt von Juni an ununterbrochen bis zum Dezember. Die Ausgaben sind eben noch viel stärker gestiegen als die Einnahmen, besonders infolge der gerade damals rapiden Geldentwertung und des großen Aufwandes für Unterstützung des Ruhrgebietes. Die erhöhten Einnahmen wurden in dieser Zeit sofort durch das Danaidenfaß der Ausgaben verschlungen. Eine wirklich entscheidende Besserung der finanziellen Lage trat erst im Dezember ein, also zu einer Zeit, wo verschiedene Umstände zusammentrafen, die geeignet waren, eine solche Wirkung zu erzielen: Aufgabe des passiven Widerstandes an der Ruhr, Kontingentierung der schwebenden Schuld, Einstellung der Begebung diskontabler Schatzanweisungen an die Reichsbank, Beschränkung der Rentenmarkkredite des Reiches, Einführung eines neuen, besser gedeckten Zahlungsmittels (Rentenmark), Stabilisierung der Valuta und damit der Preise (inwieweit diese Umstände untereinander in ursächlichem Zusammenhang stehen, bleibe dahingestellt); und natürlich auch — Durchführung der Anpassung der Besteuerung an die Geldentwertung, besonders durch Einführung der Goldmarkrechnung im Steuerwesen. Welches der Anteil dieser Umstände, insbesondere des letztgenannten Umstandes, an der Besserung der finanziellen Lage war, läßt sich schwer feststellen, denn es handelt sich hier um eine Gleichung mit mehreren unbekannten, weil ziffernmäßig nicht determinierten Größen. Der Satz „post hoc ergo propter hoc" spricht bezüglich des absoluten Betrags der Steuern, nicht aber bezüglich des Verhältnisses zwischen Einnahmen und Ausgaben für eine bedeutende Wirkung der Anpassung der Besteuerung an die Geldentwertung. Aber dieses Verhältnis ist eben eine zusammengesetzte Größe, die stark von ihrem anderen Komponenten, der Ausgabenhöhe, abhängt.

Trotz dieses „non liquet" kann man behaupten, daß die Anpassung der Besteuerung an die Geldentwertung nicht vergeblich war, daß sie eine günstige Wirkung auf den deutschen Reichshaushalt gehabt hat. Mit der Einführung der Rentenmark entschwand dem Reich der Ausweg, Fehlbeträge im Reichshaushalt unbegrenzt durch Vermehrung der schwebenden Schuld zu decken. Das Reich war daher zur Sanierung seiner Finanzen genötigt. Dazu gehörte vor allem Verringerung der Ausgaben. Aber dies erforderte Zeit; und wenn es schon bei normalen Staatsfinanzen notwendig ist, daß die Staatseinnahmen die Staatsausgaben überschreiten im Falle, daß es nicht möglich ist, die regelmäßige zeitliche Verschiedenheit in der Dynamik der Einnahmen und Ausgaben durch Aufnahme einer schwebenden Schuld zu überbrücken, so um so mehr damals, als es galt, über die kritische Zeit bis zur Durchführung des Abbaues der Ausgaben glimpflich hinwegzukommen. Da war es sehr wichtig, daß die Möglichkeit bestand, in kurzer Zeit über größere Einnahmen zu verfügen. Wären die Maßnahmen zur Anpassung der Besteuerung an die Geldentwertung nicht erfolgt, wäre also der Steuerapparat in der Verfassung gewesen, wie er vorher war, und wie er sich wohl für normale Zeiten der Staatswirtschaft bei einem gegesunden Geldwesen eignet, aber nicht für die wildbewegte Geld- und Finanzwirtschaft der letzten Zeit, so wäre die Gefahr des Mißlingens des großen Unternehmens der Stabilisierung und Sanierung viel größer gewesen, und es ist zweifelhaft, ob es überhaupt geglückt wäre. Kurz: um den Reichshaushalt zu sanieren und dadurch die Quelle der Inflation zu verstopfen, war ein Apparat kurbelbereit aufzustellen: die Steuernothilfe.

Die wichtigsten Steuern brachten ein in Millionen Goldmark (Die Entwicklung der Finanzen, „Frkf. Ztg." 30. 4. 1924, Abdbl.):

| Steuer | Januar 1924 | Februar 1924 | März 1924 | Monatsdurchschnitt Januar/März 1924, auf das Jahr berechnet | Voranschlag 1924 | Voranschlag = 100 |
|---|---|---|---|---|---|---|
| Lohnabzugssteuer | 74 | 64 | 71 | 1819 | 1344 | 135 |
| Andere Einkommensteuer | 90 | 66 | 89 | | | |
| Körperschaftssteuer | 35 | 27 | 27 | 356 | 144 | 247 |
| Vermögenssteuer | — | 9 | 112 | 481 | 376 | 128 |

Die Steuern, die sich infolge des Strebens nach Anpassung an die Geldentwertung unter dem Zwange der Not die meisten Strukturänderungen gefallen lassen mußten — Einkommensteuer, Körperschaftssteuer, Vermögenssteuer —, haben sich sehr wacker gehalten, ihre Ergiebigkeit ging über den Anschlag recht erheblich hinaus, und dies hat zur Besserung der Reichsfinanzen wesentlich beigetragen.

## X.

Zur Beurteilung der Anpassung der Besteuerung an die Geldentwertung sind auch die volkswirtschaftlichen Wirkungen zu untersuchen. Denn finanziell günstige Wirkungen einer Steuerreform sind zu teuer erkauft, wenn ihre volkswirtschaftlichen Wirkungen ungünstig sind. Die ersten, milden Maßnahmen zur Anpassung übten weder finanziell noch auch volkswirtschaftlich eine große Wirkung. Anders die Steuergesetzgebung vom 11. August 1923 (Rhein=Ruhr=Abgabe, Betriebs=, einschl. Landabgabe). In kurzer Zeit waren bislang unerhört große Beträge liquid zu machen und bei den Finanzämtern einzuzahlen. Aber alles war vorbereitet, daß so etwas kommen mußte, befriedigt darüber, daß es so lange auf sich hatte warten lassen, illusioniert durch den Geldschleier der Inflation, der die Liquidität der Volkswirtschaft, trotz der großen Schwankungen infolge der stoßweisen Ausgabe neuen Papiergeldes, größer erscheinen ließ, als sie war, und man gab dem Reich, was des Reiches ist. Natürlich zeigten sich auch üble Folgen des vorgenommenen Rückschrittes in der Steuertechnik bei komplizierten wirtschaftlichen Verhältnissen. Während es ein Hauptvorzug der allgemeinen Einkommensteuer ist, daß sie die wenigsten „Fernwirkungen" (Lotz) erzeugt, trat bei der Betriebsabgabe (Lohnsummensteuer) vielfach eine Neigung der Industrie hervor, die Steuer, sei es auf die Arbeiterschaft durch Lohnminderung rückzuwälzen, sei es durch Betriebsverkürzung (Produktionsverringerung, Stillegung von Anlagen usw.) von sich abzuwälzen. Aber noch trat die Sorge vor den Steuern zurück hinter den Aufregungen der Valutakrisis, die damals alle in Spannung hielt. Erst als mit der Einführung der Rentenmark und Stabilisierung der Papiermark die Inflation ihre Wirkungen zu äußern aufhörte, und das System Schacht das System Havenstein ablöste, wurde die Steuerfrage zu einer Zentralfrage des Wirtschaftslebens, nämlich zu einem nicht unwesentlichen Teil der Kapital= und Kreditfrage. Die von der Reichsbank geübte Kreditrestriktion im Zusammenhang mit dem Verlust des in fest verzinslichen Anlagen investierten Markkapitals und dem Gefrierzustand der übrigen offenbart eine unerhörte Kapitalknappheit, die die Steuerzahlung in vielen Fällen aufs äußerste erschwert. Die Banken werden mit Kreditgesuchen überschwemmt, die Finanzämter von Steuerstundungsgesuchen. Das zeitliche Zusammentreffen der Stabilisation, die die bekannten spezifischen Wirkungen auf die Volkswirtschaft ausübt, mit den Steuernot=

hilfsmaßnahmen, welch letztere doch ihrer Tendenz und ihrem Charakter nach ersterer hätte vorangehen sollen — dieses tragische Zusammentreffen ist es, das die volkswirtschaftliche Wirkung der Steuern heute wesentlich mitbestimmt und ihre Wertungsnote herabdrückt. Das anspruchsvolle und ungestüme Vorgehen der Steuerverwaltung mit den rohen Mitteln einer längst als überwunden geglaubten Steuertechnik würde bei günstiger Konjunktur erträglich erscheinen; in dem gegenwärtigen Zustand der Absatzschwierigkeiten, des Druckes auf die Kostenelemente, der Geldklemme mußten jene Mängel besonders stark hervortreten, so daß die Steuern zum Teil drückend wirken. Es ist also nicht die Goldmarkrechnung der Steuerverordnungen als solche, über die geklagt wir, und auch das Streben des Reiches, den rechtzeitigen Eingang der Steuern durch Zuschläge zu sichern, ist als berechtigt anzuerkennen, wenn auch die Höhe derselben als übertrieben bezeichnet wird, aber als große Belastung des Wirtschaftslebens wird empfunden, daß die Steuertermine in den letzten Monaten sich gar zu stark häuften, und daß die Steuerlast ungleich verteilt sei infolge der großen Verschiedenheit der Steuerbemessungsgrundlagen. Als ein großer Nachteil der Vorauszahlungen 1924 vom volkswirtschaftlichen und sozialen Standpunkt muß bezeichnet werden, daß sie im Gegensatz zur normalen Einkommensteuer und Körperschaftssteuer der Überwälzung unterliegen. Vorauszahlungen auf Einkommensteuer und Körperschaftssteuer, welche nach dem Umsatz bemessen werden, werden ebenso wie die Umsatzsteuer in die Berechnungen einkalkuliert, soweit dies die im allgemeinen gespannte Preislage gestattet. Hierin ist ein beklagenswerter Rückschritt in der Entwicklung der Technik der Steuerpolitik zu erblicken.

Zusammenfassend ist zu sagen, daß sich die Kritik nicht gegen das Prinzip der Anpassung der Besteuerung an die Geldentwertung wendet, im Gegenteil, als ein Hauptfehler der zweiten und auch der ersten Steuernotverordnung wird bezeichnet, daß sie vielfach noch auf die Papiermarkrechnung der Inflationszeit zurückgreifen. Die dritte Rate der Rhein=Ruhr=Abgabe und die Abschlußzahlung der Einkommensteuer 1923 lauten zwar auf Goldmark, aber sie werden berechnet aus einer früheren auf Papiermark lautenden Schuld[1] (siehe oben S. 25). Die Verhältnisse eines Wirtschaftsjahrs mit exzeptionellen Verhältnissen, mit hochgeschwellten Ziffern, mit spekulativem Charakter wird in Be-

---

[1] Einkommensteuer für 1922, der das Einkommen von 1921 zugrunde liegt.

ziehung gesetzt zur Goldmarkrechnung, zu Goldbilanzen und zur stabilisierten Mark[1]. Dabei ist auch hier die Belastung zum Teil ungleichmäßig. Um dies darzulegen, muß aufs Nähere eingegangen werden.

§ 1 I der Zweiten Steuernotverordnung vom 19. Dezember 1923 lautet: Als Abschlußzahlung auf die Steuerschuld für das Kalenderjahr 1923 haben die Einkommensteuerpflichtigen bis zum 10. Januar 1924 einen Betrag von 0,40 Goldmark für je 1000 Mark der Jahressteuerschuld zu zahlen. Soweit der Feststellung des Einkommens ein Geschäftsabschluß vor 1. Juli 1922 zugrunde liegt, beträgt die Abschlußzahlung 1,60 Goldmark für je 1000 Mark der Jahressteuerschuld. Als Jahressteuerschuld gilt die für das Kalenderjahr 1922 festgestellte Einkommensteuer. Über die Ziffern bei der Körperschaftssteuer der Erwerbsgesellschaften siehe § 2 Abs. 1 bis 4. Das Verhältnis 0,40:1,60 entspricht aber keineswegs dem Verhältnis des Valutakurses oder auch nur der verschiedenen Indices an diesen zwei Stichtagen (1 $ am 30. Juni 1922 = 374 Papiermark, am 30. Dezember 1922 7350 Papiermark). In Süddeutschland bildete sich ein „Ausschuß zur Bekämpfung der steuerlichen Ungerechtigkeiten der Steuernotverordnungen vom 7. und 19. Dezember 1923", Sitz Stuttgart, der in einem Rundschreiben vom 8. Februar 1924 auf diese Unstimmigkeiten hinwies und zu Masseneingaben an das Reichsfinanzministerium aufforderte[2]). Dem Zirkular sind eingehende Berechnungen über die beanstandeten Ungleichmäßigkeiten der Belastung beigefügt, denen wir beispielsweise folgendes entnehmen: „Während ein Einzelkaufmann oder eine offene Handelsgesellschaft mit einem Einkommen von zum Beispiel 57 120 Goldmark auf Grund eines Abschlusses vom 30. November 1922 an Rhein-Ruhr-Abgabe und Einkommensteuernachzahlung zusammen 54 981 Goldmark (= 95 % des Jahreseinkommens 1922) entrichten soll, wird ein anderer Steuerpflichtiger mit genau demselben Reingewinn in Gold (57 120), jedoch mit Abschluß am 31. Mai 1923 mit 4500 Goldmark (= 8 % seines Jahreseinkommens 1922) zur Steuer herangezogen. Bei den Aktiengesellschaften wirken sich die Steuern genau ebenso ungerecht aus,

---

[1] Daß es sich bei der Abschlußzahlung der Einkommensteuer um eine Steuerschuld von 1923 handelt und die Einkommensteuer auch sonst auf Verhältnisse des vorangegangenen Jahres zurückgreift, erklärt diese Berechnungsweise, rechtfertigt sie aber nicht.

[2] Vgl. auch „Bilanztag und Einkommensteuer. Eine harte Ungerechtigkeit in den Steuernotverordnungen". Aus führenden Kreisen der süddeutschen Fertigindustrie. Frankfurter Zeitung, Sonntag, 30. März 1924.

so daß bei vollständig gleichbleibenden Goldmarkgewinn (nach dem Beispiel 57 120 Goldmark) je nach dem Abschlußtag diese Steuern 56 068 Goldmark — 30. November — oder nur 5320 Goldmark — 31. Mai — betragen würden." Wenn aber der Ausschuß verlangt, daß das Einkommen über den Dollarkurs des Abschlußtages oder über den Durchschnittskurs des Abschlußmonats in Goldmark umzurechnen sei, so geht dies zu weit, denn: da das Einkommen nicht ein an einem bestimmten Zeitpunkt, dem Bilanztag, eintretender Zustand ist, sondern eine während eines Zeitraumes (Wirtschaftsjahr) stattfindende Bewegung (aus dem Unternehmen usw.), so könnte höchstens verlangt werden, daß der Durchschnittskurs des betreffenden Jahres zugrunde gelegt wird. (Aber auch eine solche Berechnung wäre nur dann einwandfrei, wenn sich das Sinken des deutschen Valutakurses gleichmäßig über das Wirtschaftsjahr verteilen würde.) Daß aber in der Hauptsache, Entstehung von Ungleichmäßigkeiten in der Steuerbelastung durch das mit dem Maß der Geldentwertung nicht übereinstimmende Verhältnis der verschiedenen Umrechnungssätze zueinander[1], der Ausschuß recht hat, scheint auch das Reichsfinanzministerium zuzugeben, denn nach demselben Rundschreiben hat das Ministerium in einem Erlaß an die Landesfinanzämter vom 18. Januar 1924 eine Entschließung gerichtet, in der es heißt: „Wie die Praxis gezeigt hat, sind aber in einer nicht unerheblichen Anzahl von Fällen nicht mit dem Kalenderjahr bilanzierende Betriebe steuerlich erheblich besser gestellt, und zwar nicht nur bei der Abschlußzahlung, sondern auch bei der dritten Rate der Rhein-Ruhr-Abgabe." Eine Änderung der Steuernotverordnung erfolgte aber nicht, sondern das Finanzministerium wies die Finanzämter an, gleichmäßige Heranziehung der Steuerpflichtigen nach Maßgabe von Art. 1 § 1 II[2] vorzunehmen, also, wie das Zirkular schließt, „die Steuerbeträge der früher abschließenden Betriebe entsprechend hinaufzusetzen."

Auch sonst gibt die Ungleichmäßigkeit der neuesten Besteuerung zu Klagen Anlaß. Man rechnet zwar damit, daß die den Vorauszahlungen auf die Einkommensteuer 1924 anhaftenden Ungleichmäßigkeiten bei der definitiven Regelung der Einkommensteuer 1924, auf die man

---

[1] Der Umrechnungssatz ist ferner zu wenig abgestuft — bloß zwei Stufen, und die Stufen stoßen zu scharf aneinander.

[2] „Stehen die Zahlungen .... außer Verhältnis zur Leistungsfähigkeit des Steuerpflichtigen, so kann das Finanzamt die Abschlußzahlung anderweitig festsetzen."

sich in diesem Sinne große Hoffnungen macht, ihren Ausgleich finden[1]. Aber wenn die Vorauszahlungen auch der Landes= und vielleicht sogar der Kommunal= und kirchlichen Besteuerung zugrunde gelegt werden, multipliziert sich diese Ungleichmäßigkeit, und die Steuern können dann auch durch ihre Höhe zu einer starken Belastung führen. So zum Beispiel sind in Bayern nach einer Verordnung vom 5. Mai 1924 (Bayer. Staatsanz. Nr. 104) als Vorauszahlung auf Gewerbesteuer 1924 zwei Zehntel des Betrages zu entrichten, der jeweils als Vorauszahlung auf die Reichseinkommen= und Körperschaftssteuer zu zahlen ist. Dazu wird ein (angeblich) vorübergehender Zuschlag von 100 % erhoben. Aus der normalen Gewerbesteuervorauszahlung werden die Umlagen (Kreis=, Gemeinde=, Kirchenumlagen) berechnet. Dadurch wird eine Steuer= politik, die an sich nur als Notbehelf gebilligt werden kann, aber da= durch, daß sie wirklich Hilfe in der Not brachte, ihre Berechtigung er= wies, einer Belastungsprobe ausgesetzt, die ihr gefährlich werden kann.

## XI.

Besonders wohltätig wirkten die Maßnahmen zur Anpassung der Besteuerung an die Geldentwertung im Zusammenhang mit der Stabi= lisation des Geldwertes auf die Finanzverwaltung ein. Denn die Geld= entwertung selbst und ihre Folgen für das Steuerwesen hatten den Organen der Finanzverwaltung, namentlich den Finanzämtern, ihre Arbeit außerordentlich erschwert und unfruchtbar gemacht und dadurch auf ihre Arbeitsfreudigkeit lähmend gewirkt. Die häufigen Änderungen der Gesetze und Vollzugsvorschriften, die einen großen Teil der voran= gegangenen Arbeiten illusorisch machten, vermehrten die Arbeitslast in ungewöhnlichem Maße, und dies trug zur Verzögerung der Steuer= erhebung bei. Inzwischen war die Geldentwertung weiter fortgeschritten, und die Finanzbeamten mußten in bitterer Stimmung ihre Arbeit

---

[1] Auch das erste Sachverständigenkomitee ermahnt die Reichsregierung, zu einem nahen Zeitpunkt ihre endgültigen Absichten, betreffend die Sätze für die Einkommen= steuer zu veröffentlichen, die von den Gewinnen des Jahres 1924 im Jahre 1925 er= hoben werden sollen. Zur Begründung führt das Komitee an (II 3), daß die normale Belastung aus der Einkommensteuer 1924 „nur" 25 % beträgt. Wahrscheinlich stützt sie sich hierbei auf die Zusammenstellung, die die Reichsregierung dem Komitee über die Steuerbelastung von Großaktionären 1920/1921, 1923/1924 und 1924/1925 lieferte, und die als Anlage 9 dem Berichte beigefügt ist. Aus der Zusammen= stellung dürfte aber hervorgehen, daß der Satz von 25 % zwar auf 1923/1924 (keine Kapitalertragssteuer, keine Vermögenssteuer, keine endgültige Veranlagung zur Einkommensteuer und Körperschaftssteuer) zutrifft, aber nicht auf 1924/1925.

darauf verwenden, um dem Staat Lappalien zu verschaffen, die ein Privatunternehmer längst ignoriert hätte. Die Maßnahmen, die hierin Abhilfe zu schaffen suchten (Entlastungsverordnung vom 24. Okt. 1923, Niederschlagung alter Steuern usw.), wurden daher von den Finanzbeamten des äußeren Dienstes wohltätig empfunden. Indem der Ermessensbereich der Finanzverwaltung bedeutend erweitert wurde (Zweite Steuernotverordnung), wurde freilich auch ihre Verantwortung größer; aber die Möglichkeit, bei der Bemessung der Einkommensteuer den Aufwand mit heranzuziehen, wird als brauchbares Mittel zur Erzielung annehmbarer Steuerergebnisse besonders hartnäckigen Steuersubjekten gegenüber begrüßt. Die Abgabenordnung ist stark aus den Fugen geraten, aber dies wird nur als vorübergehender Zustand angesehen.

Aber nicht nur die Finanzverwaltung selbst, sondern auch der Kassadienst litt bedenklich unter der Geldentwertung; die durch die Inflation hervorgerufene Arbeitslast verzögerte die Bewegung der Gelder, und so kam es nicht selten vor, daß eingegangene Gelder oder Geldrepräsentanten (zum Beispiel Schecks), bis sie ihrer Bestimmung, zur Bestreitung von Ausgaben zu dienen, zugeführt werden konnten, auf einen Bruchteil ihrer ursprünglichen Kaufkraft herabsanken.

## Dritter Abschnitt.

### XII.

Für die Jahre 1920 und 1921 hat die Reichsregierung alle Etatpositionen der Ausgabewirtschaft nach den monatlichen Ergebnissen in Goldmark umgerechnet, und zwar teils auf Dollarbasis (Leistungen aus dem Vertrag von Versailles), teils auf Basis des Großhandelsindex (Materialausgaben), teils auf Basis des Lebenshaltungsindex (Gehälter und Löhne). Bei der Addition der Goldmarkbeträge hat sich herausgestellt, daß die Summe ungefähr gleich der Summe ist, die sich bei Umrechnung sämtlicher Ausgaben über den Großhandelsindex ergeben würde (vgl. S. 7). Setzt man von den Gesamtausgaben des Reichs die Ausgaben auf Grund des Vertrags von Versailles und den Zuschuß zur Reichsbahn ab, so verbleiben fast ausschließlich solche Ausgaben, deren Höhe durch die Lebenshaltungskosten bestimmt wird. Diese allgemeinen Ausgaben betrugen in Millionen Goldmark (umgerechnet über den Lebenshaltungsindex): 1921 5738, 1922 4679. Das Steueraufkommen dagegen betrug (ebenso berechnet): 5235, 3529. Daraus ergibt sich, daß das Verhältnis des Steueraufkommens zu den reduzierten Ausgaben sich auf 91 bzw. 75% belief. Das Maß der Zulänglichkeit der Steuern hat sich also von 1921 auf 1922 um 16% verringert. Der Realwert der Steuern betrug:

| Millionen G.-M. berechnet über | 1920 | 1921 | 1922 | 1923 |
|---|---|---|---|---|
| Dollarindex | 3198 | 2927 | 1488 | 891 |
| Großhandelsindex | 3218 | 3609 | 1756 | 911 |
| Lebenshaltungsindex | 4091 | 5235 | 3529 | 1496 |

Von 1920 auf 1921 ist der Realwert nur bei Berechnung über den Dollarindex (das Steigen der Güterpreise blieb hinter dem Steigen der Valutakurse zurück), 1921 bis 1923 ist er bei allen drei Berechnungsmethoden gesunken.

In diesen der amtlichen Denkschrift „Deutschlands Wirtschaft usw.", 1924, S. 95f., entnommenen Ziffern drückt sich der Leidensweg der deutschen Steuerwirtschaft aus. Die Maßnahmen, die dagegen ergriffen (bzw. vorgeschlagen) worden sind — in typischer Reihenfolge: Erhebung von Zuschlägen, Naturalisierung der Geldsteuern, Mobilisierung der spezifischen inneren Aufwandsteuern, Valorisierung (der Zölle), Debinkulierung (der alten Katastersteuern), Velozitierung der Steuererhebung, Objektivierung der Subjektsteuern, Einführung der Goldmarkrechnung, der Goldtarifierung, Steuerantizipation —, waren, besonders die der früheren Stadien, zum großen Teil unwirksam, weil sie nicht genügend ineinandergriffen, und besonders, weil die Geschwindigkeit der Geldentwertung größer war als die der jeweiligen Steuerreform: Die Geldentwertung lief den Steuern davon, und so entglitten dem Reich seine wichtigsten Einnahmen unter den Händen. Die Sanierung der Finanzen ging daher überwiegend von der Ausgabewirtschaft aus: Kontingentierung der schwebenden Schuld und dadurch Zwang zum Ausgabenabbau. Aber die notwendigerweise rasche Durchführung dieser Reform wäre nicht möglich gewesen ohne die vorangegangenen Maßnahmen der Anpassung der Steuern an die Geldentwertung, weil dieselben überhaupt eine größere Fähigkeit der Steuern, sich an einen gespannten Finanzstatus rasch anzupassen, herbeigeführt haben. Zu bedenken ist ferner, daß die Gefahr der abermaligen bzw. weiteren Geldentwertung nicht ausgeschlossen ist, so lange die Stabilität unseres Geldes auf den zwei unsicheren Füßen: Staatshaushalt und Zahlungsbilanz, steht, solange wir „Golddevisenwährung" haben und nicht die automatisch sich regulierende Goldwährung. Daher sind die Erfahrungen, die Deutschland hinsichtlich der Beziehungen zwischen Geldentwertung und Steuerwesen gemacht hat, nicht vergeblich gewesen. Auch können sie anderen Ländern, welche jetzt oder in Zukunft denselben dem Geldwesen und dem Steuerwesen gemeinsamen Fragen begegnen, zur Lehre dienen. Aber auch die Finanzwissenschaft wird manche ihrer Theorien zu modifizieren haben. Wir werden also bei der nun folgenden Darstellung der Ergebnisse unserer Studie unterscheiden zwischen solchen für die Steuerpolitik, für die Steuertheorie und für die Steuerverwaltung.

## XIII.

In der wechselseitigen Kausalkette: „Fehlbetrag im Staatshaushalt — Geldentwertung — Fehlbetrag im Staatshaushalt" bildet das Steuerwesen einen fatalen Faktor, weil die Steuerschulden feste Markschulden und der Steuerbemessung frühere Geldverhältnisse zugrunde gelegt sind. Die Stellung des Staates im Verkehr ist insofern monotropisch, ähnlich der des Rentners. Der Staat ist nicht nur Nutznießer der Inflation, sondern auch Leidtragender derselben[1]. Dieser Umstand ist vom Staate bei seiner Geldpolitik im Auge zu behalten. Die Frage „Geldentwertung und Besteuerung" ist in erster Linie durch Beseitigung bzw. Verhütung der Geldentwertung zu lösen. Ist letzteres unmöglich, so ist die Besteuerung an die Geldentwertung anzupassen. Dies hat rasch und radikal zu geschehen, mindestens im Tempo und in der Stärke der Geldentwertung selbst. Welche Meßziffern dabei anzuwenden sind (Dollarindex, Großhandelsindex, Lebenshaltungsindex usw.), ist unter Berücksichtigung der Art der Staatsausgaben sorgfältig zu erwägen, aber doch von sekundärer Bedeutung. Von den verschiedenen Maßnahmen der Anpassung hat sich die radikalste, Goldtarifierung, am meisten bewährt. Vor einem Rückschritt zu überwundenen Steuerbemessungsgrundlagen, zum Beispiel von der Subjektbesteuerung zur Objektbesteuerung, braucht der Staat nicht zurückzuschrecken, jedoch sei solche Objektivierung des Steuerwesens eine vorübergehende Maßnahme, die wieder aufzuheben ist, wenn die Voraussetzungen zur Personalbesteuerung wieder gegeben sind. Notwendig ist Velozitierung der Steuern (Beschleunigung, Vergrößerung ihrer Geschwindigkeit), und manche Details dieser Maßnahmengruppe dürfen als Fortschritt im

---

[1] Vgl. Kuczynski in „Deutschland und Frankreich" S. 380.

Steuerwesen überhaupt betrachtet und in der Zeit der Geldwertstabilität beibehalten werden (Vorauszahlungen, vorläufige „Selbstveranlagung", Zuschläge bei verspäteter Steuerzahlung). Die Maßnahmen sind in ein System zu setzen, so daß sie ineinandergreifen. Die „Gerechtigkeit" im Steuerwesen wird freilich manche Fußtritte erdulden müssen, aber entspricht der tatsächliche Zustand mehr der Gerechtigkeit? Gibt es eine größere Ungerechtigkeit als die, daß bis jetzt die Kriegskosten hauptsächlich die Rentnerklasse trafen? Die produktive Klasse leidet jetzt ebenfalls, aber doch hauptsächlich infolge mangelnder Rentabilität ihrer produktiven Anlagen, weil diese für den gegenwärtigen Ellbogenraum des deutschen Volkes zu groß sind, aber dieser kann allmählich wieder in jene hineinwachsen. Bei Geldentwertung tritt also der Steuergrundsatz der Gerechtigkeit zurück gegenüber den Steuergrundsätzen der Zulänglichkeit und Beweglichkeit des Steuerwesens. Valorisierung der Zölle als Maßnahme der Anpassung der Steuern an die Geldentwertung ist alt (Österreich). Die Bedachtnahme auf größere Geldwertempfindlichkeit der inneren Aufwandsteuern und auf Devinkulierung der Ertragsteuern von alten Katastern ist, wie die oben erwähnte Velozitierung, ebenfalls als allgemeiner Fortschritt im Steuerwesen zu bezeichnen, im Sinne größerer Beweglichkeit der Steuern.

Die Steuertheorie wird künftig die Geldentwertung berücksichtigen und in ihr System einbeziehen müssen im Sinne der Allgemeingültigkeit ihrer Lehren für die verschiedenen Grade der Geldwertstabilität. Namentlich wird die Bedeutung des Steuergrundsatzes der Beweglichkeit noch stärker als bisher unterstrichen werden müssen. Die Steuern sollen beweglich sein, nicht nur wegen der Schwankungen in der Höhe der Staatsausgaben, sondern auch wegen derjenigen des Geldwertes. Der Bewegung des Geldwertes soll eine umgekehrte Bewegung des Steueraufkommens entsprechen. Die Beweglichkeit der Steuern in dieser Hinsicht ist um so größer, je wertempfindlicher sie sind. Mit anderen Worten: Es gibt geldwertempfindliche und geldwertunempfindliche Steuern. Erstere verdienen in Zeiten der Geldentwertung den Vorzug. Überhaupt ist die Steuerlehre in engere Beziehung zur Geldlehre zu setzen (Steuern als Gegenmittel gegen Inflation, Revision der Lehre von der „Steuerfundation" des Geldes).

Aber auch die Finanzverwaltung wird schließlich aus den Erfahrungen der letzten Zeit die Folgerung ziehen müssen, daß sie sich in höherem Maße auf so anormale Zeiten, wie es die der Geldentwertung sind, einstellen muß. Sparpolitik darf auf die Finanzverwaltung selbst nur soweit übergreifen, als die Intensität des Finanzbetriebes nicht darunter leidet. Der Ausbildung des Personals ist besondere Sorgfalt zu widmen. Der Umfang des Personals bedarf großer Elastizität, so daß derselbe im Notfalle rasch vermehrt werden kann, ohne daß dem Fiskus bei dem dann vielleicht notwendigen Abbau größere Kosten erwachsen. Die Erfahrungen des äußeren Dienstes sind bei Steuerreformen zu berücksichtigen. Beschleunigung der Geldbewegung ist in Zeiten von Geldentwertung von größter Wichtigkeit, die Staatskasseverwaltung hat sich alle Fortschritte des privaten Zahlungsverkehrs anzueignen und zunutze zu machen.

Große politische Umwälzungen haben in der Regel Änderungen in der Wirtschaftsverfassung zur Folge. Das Steuerwesen aber ist in hohem Maße von der Wirtschaftsverfassung abhängig. Daher sind politische und wirtschaftliche Revolutionen von grundsätzlichen Reformen im Steuerwesen begleitet (Einführung der Ertragssteuern in Frankreich, der Einkommensteuer in England). Je früher der Staat diesen Zusammenhang erkennt und je entschlossener er ihm Rechnung trägt, desto besser für seine Finanzen und dadurch für seinen Kräftezustand.

Abgeschlossen Ende Juni 1924.

Printed by Libri Plureos GmbH
in Hamburg, Germany